ATTRACTIVE MARKETING SKILL

독특한

우리에게 필요한 현장과 이론이 갖춰진 마케팅 노하우

마케팅기술

임성룡 지음

ATTRACTIVE MARKETING SKILL

KyoWooSa 敎友社

독특한 마케팅 기술

초판 인쇄 / 2009년 12월 26일
초판 발행 / 2010년 1월 2일

지은이 / 임성룡
펴낸이 / 오판근
펴낸곳 / 교우사
출판등록 / 1994년 3월 24일 제6-0256호
주소 / 서울특별시 동대문구 제기2동 148-19
전화 / 02)925-2861(총무부), 02)925-2825(편집부)
팩스 / 02)925-2860

kyowoo@kyowoo.co.kr
http://www.kyowoo.co.kr

ISBN 978-89-8172-828-1 (03320)

가격 **12,000**원

독특한 마케팅 기술

‖ 차례 ‖

독특한 마케팅 기술

‖ 저자 서문 ‖

지난 1999년 여름, 약 29년간 근무했던 외환은행에서 명퇴를 선택한 필자는 새로운 생활에 접어든지 어언 10년이 넘었다. 지난 10년여 동안 나는 마케팅의 현장에 직접 참여하여 왔다. 금융기관에 재직 중일 때에는 기업분석업무에 다년간 종사하면서 기업경쟁력에 연구하고 실정을 관찰하였다. 여러 비즈니스 분야의 사람들을 만나면서 그들이 어떻게 비즈니스를 경영해 가는지 많은 대화도 나누어 보았다. 그러한 관심사가 계기가 되어, 필자는 과연 마케팅의 수많은 이론이 실제적으로 효과가 있는 것인지, 내 자신의 마케팅 능력이 있는 것인지를 시험해보기로 하였다.

마케팅 활동은 매우 힘든 것이다. 비즈니스맨은 마케팅 활동의 중추적 역할을 한다. 연구결과에 의하면, 전세계 수만 개의 직업 중에서 어려운 순서부터 나열하면 가장 어려운 직업은 순위 1위인 대중 연설가라고 한다. 비즈니스맨은 순위 2위로서 매우 어려운 직업이라는 것이다. 그만큼 어려운 직업인 비즈니스맨으로서 뛰어난 성적을 지속적으로 올린다는 것은 결코 우연이나 열심만으로는 될 수 없다는 사실이다. 필자는 이를 실제 체험하였다.

지난 10년여 동안 나는 마케팅 현장을 직접 경험하였고 마케팅의 이론을 시험하고 검증해 보았다. 상당 부분은 이론만의 이론일 뿐,

현장에서 별로 도움도 되지 않는 것들도 무척 많았음을 말하지 않을 수 없다. 나는 마케팅에서 뛰어난 실적을 이룩한 사람들의 체험에 관해서도 많은 자료를 수집하여 조사해보았다. 그들의 방법을 실제로 적용해보고 그들의 경험이 과연 효과가 있는지 검증해 보았다. 나는 이 책에서 비즈니스맨이라는 용어를 주로 사용할 것이다. 비즈니스맨이란 세일즈맨을 비롯하여 경영자 등 마케팅에 직접 관여하는 사람들을 총칭하며 모든 사업가는 비즈니스맨이다.

현재, 필자는 매일 활동시간의 40%를 학습활동에, 30%를 SR경쟁력프로그램 강의활동에, 20%를 저술활동에, 나머지 10%를 비즈니스 활동에 바치고 있다. 나의 활동에서 10%만이 비즈니스 활동이지만 이를 나름대로 효율적으로 수행하고 있다. 그리고 많은 비즈니스맨들을 볼 때마다 좀더 가치 있고 경제적인 활동을 해야 한다는 점을 권고하고 싶다.

비즈니스는 이론과 경험 모두 필요

지난 10년의 마케팅 현장에서 능력을 시험 했던 나는 지금까지 좋은 결과를 얻어왔고 나름대로의 효과적인 노하우들을 체득하였다. 이러한 필자의 마케팅 활동을 뒷받침하는 것은 무엇보다도 지속적인 학습으로 정신적 힘과 지적 자산을 축적하고 있다는 점이다. 거기에 현장의 경험들이 축적되면 의미 있는 노하우가 탄생할 수 있는 바탕이 될 것이다. 우리에게는 현장과 이론이 갖춰진 마케팅의 노하우가 절실히 필요하다. 이론만이나 현장 경험만으로 하나만을 주장하는 것은 설득력이 부족하다. 이 책은 10년여의 필자의 경험을 토대로 하였고, 그동안 연구해 온 수많은 관련 도서들과 더불어 필자의 여러 저서들 특히 『마케팅의 위력과 함정』(출판사 학문사)을 참고하고 인용하였음을 밝힌다.

독특한 마케팅 기술

제1장

마케팅과 경쟁력

마케팅이란?

마케팅에는 1. 영업활동, 2. 상품활동, 3. 프로모션활동, 4. 가격활동, 5. 물적 유통활동, 6. 유통경로 활동, 7. 서비스 활동의 7가지 주요 활동분야가 있다. 이상의 7가지 활동을 마케팅의 활동으로 예시하였는데 그 중 한 가지 활동을 하더라도 마케팅 활동을 하는 것이라고 보는 것이다. 세일즈 활동은 저차원이고 마케팅은 고차원이라는 단순한 판단은 합당하지 않다. 마케팅의 각 활동이 쉬운 것은 하나도 없으며 높고 낮음이 없이 모두 진지한 도전 과제인 것이다.

미국 마케팅협회의 정의전문위원회는 1985년에, "마케팅이란 개인이나 조직의 목표를 만족시키는 교환을 창조하기 위한 아이디어, 상품, 서비스에 대해 개념 정립, 가격 설정, 프로모션, 유통을 계획하여 실행하는 프로세스다."라고 정의하였다. 쉽게 말하면, 마케팅의 정의란 '기업과 소비자가 제품이나 서비스를 통해 더 좋은 관계를 맺어 가기 위한 방법론'이라고 말할 수 있다. 요컨대 마케팅이란 기업과 소비자 사이를 이어 주는 모든 활동이다.

마케팅에 관한 체계적인 지식은 현장 상황을 이해하고 대처하는데 도움이 된다. 마케팅 이론이란 마치 지도와 같다. 마케팅에서 이론적인 기반을 갖추면 지도를 볼 줄 아는 여행자가 되는 것과 같다. 지도를 모르고 경험에만 의지하는 여행자는 심각한 제약을 갖고 있는 것이다.

시장은 변화한다

지금은 시장이 점점 포화상태에 되면서 주도권은 생산자가 아니라 소비자가 갖는 시대가 되었다. 시장은 끊임없이 변화한다. 마케팅은 시장변화로 인해 발생하는 비즈니스 기회를 잡는 것이다. 변화하는 시장을 대상으로 하는 마케팅에서 절대란 것은 없으며 모든 것이 상대적이라는 점이다. 복사기로 세계시장을 제패한 제록스는 특허로 시장을 장악했지만 특허시한이 만료되자 일본의 캐논, 리코, 샤프 등이 저렴한 가격으로 시장을 잠식해 제록스의 절대적인 아성이 무너지기 시작했다.

햄버거의 맥도널드, 패밀리 레스토랑의 스카이라크, 같은 업종의 데니즈는 서로 다른 전략으로 각각 시장에서 성공하였다. 경쟁환경, 소비자의 기호, 기업 자체도 변화하기 때문에 이전과 똑같은 상황은 되풀이되지 않는다. 현실의 비즈니스는 발상의 차이, 지혜의 차이에서 좌우되는 것이다. 시장에서는 절대적인 강자도, 절대적인 상품도 없으며 시장의 변화에 따라 흥하기도 하고 망하기도 한다는 점을 명심해야 한다.

모든 변화는 마케팅의 기회가 될 수 있다. 미국에서 유명 백화점들의 쇠락은 할인점의 번영과 동시에 나타난 현상이다. 일본의 세븐일레븐이 편리한 가게, 24시간 영업 등 창조적인 아이디어로 대성공을 거둔 일은 의미가 크다. 마케팅에서는 창조적이고 혁신적인 접근이 필요하다. 틈새시장을 확보하는 마케팅은 매우 유용하다는 사실이다.

마케팅은 최우선 과제

결국 마케팅이란 시장에서 고객을 얻고 소비자 만족을 얻는 것이 목표인 것이다. 마케팅은 최고경영자가 책임을 지고 수행하여야 한다. 그만큼 중요하기 때문이며 기업의 생사가 직접 달려있다. 1977년 양지실업을 창업하여 경영하였던 정석주 사장은 30년 흑자경영으로 놀라운 경영실적을 보여주었다. 그는 봉제완구 단일 아이템으로 30년간 흑자경영을 유지하면서 해외 15개국에 수출해 왔다. 그는 역경의 노정을 겪으면서 초합리, 초효율 경영을 위해 스스로 솔선수범하려고 노력했다. 정석주 사장은 "나에게 최우선 사항은 마케팅이고 그 다음으로 개발이다. 제품을 개발하여 주문을 받지 못하면 회사는 존재할 수 없다."라고 말한다. 마케팅은 최고경영자가 최우선으로 여겨야 하는 과제인 것임을 그는 증언하고 있다.

소비자 욕구가 변화하면 그 변화에 맞추어가야 한다. 미국 고급시계 시장을 장악했던 엘긴사는 소비자 취향변화에 부응하지 못해 쇠퇴했다. 이전의 할리데이비슨은 모터사이클 시장을 일본기업들에게 내주어 도산 직전까지 간 일이 있다.

지금의 시장상황은 공급과잉이며 구매자가 우위에 있다. 시장개방으로 경쟁은 국제적으로 격화되었다. 인적 자본은 시장에서 강력한 진입장벽이 된다. 기업의 마케팅 능력을 지속적으로 향상시키려면 임직원에 대한 마케팅교육이 중요하다. 60세 이상의 인구는 1990년의 5억 명에서 2030년에 14억 명으로 늘어날 것으로 예상된다. 은행에서 고객 1명당 응대비용이 자동현금기는 24센트인데 직원이 나설 경우는 거의 3불에 달한다. 세계적으로 보면 상류계층 20%의 소득이 전세계 소득의 85%를 차지하고 있다. 이러한 급격한 변화의 시대에 적응하는 마케팅이 필요한 상황이다.

관계를 통한 마케팅

관계마케팅 개념을 주장한 미국의 레오나드 베리 교수는 고객애호도 증진전략의 세 가지를 첫째, 반복구매 고객에 대한 가격할인, 둘째, 회원제를 통한 유대관계, 셋째, 단골고객을 서비스 제공과정에 참여시키는 전략을 주장한다. 예를 들면 미국의 페덱스사는 고객들에게 자사의 고객애호 프로그램에 가입하게 하고 전자저울, 컴퓨터 기기, 바코드 장비, 프린터, 각종 우편용구 등을 무상으로 제공하였다. 고객들이 발송과정에 참여하고 배달 여부도 확인하는 특별 서비스를 제공하였는데, 매출의 약 60%를 이 프로그램을 통해 확보하고 있다는 것이다.

베이킹 소다 제조회사인 미국의 암앤해머사는 제품의 많은 유용성을 고객에게 제시하여 매출실적을 높여갔다. 베이킹 소다는 소화를 촉진시키기 위해 물에 타먹기도 하고, 빵을 만드는 데에 사용된다. 이 회사는 고객들에게 베이킹 소다를 목욕물에 넣고, 하수도 냄새를 제거하고, 식초와 변기를 닦고, 냉장고 냄새를 제거하고, 세탁물을 깨끗하게 하는 데에도 유용하다는 것을 알려주었다. 상품을 쉽게 사용할 수 있도록 고객을 안내하는 것도 중요한 마케팅 활동이다.

미국 스테이플사의 마케팅 담당 부회장인 굿맨은 "만일 당신이 가격을 파는 장사꾼으로 보여 진다면 당신은 안으로 들어가기도 전에 문에 머리를 부딪치고 말 것이다. 고객은 우리를 상담자 혹은 믿을 만한 조언자로 볼 때 우리를 초대한다."라고 말한다. 뛰어난 마케팅은 장사꾼이 아니라 가치를 주는 수준 높은 조언가가 되는 것이다.

차별화된 마케팅

시장에서 서비스는 물리적인 차별화가 매우 제한적이다. 1류 서비스와 2류 서비스의 주된 차이점은 직원들이 서비스 정신 여부에 달려있다. 시장에서 경쟁사와 차별화하는 것은 탁월한 서비스, 상호존중, 성실성이다. 말과 행동으로 최고경영자가 몸소 추구하는 가치는 매우 중요하다. 사우스웨스트 항공사의 설립자인 켈러허는 "조직이 커지면서 바뀌어야 할 것은 원칙들이 아니라 실천방식이다"고 말한다.

우수 기업들에게 있어 이익은 하나의 결과물일 뿐이다. 이들의 가치는 탁월함을 추구하는 그 자체이다. 미국에서 9.11 사태로 인한 항공업계의 불황에도 오직 사우스웨스트 항공사만이 해마다 흑자를 기록했다. 사실상, 서비스 불량은 모두가 고객에 대한 존중이 결여되어 발생한 문제들이다. 리츠 칼튼 호텔의 핵심적인 가치들 중 하나는 "우리는 신사 숙녀에게 서비스를 제공하는 신사 숙녀들이다"는 것이다.

우수 기업 다이얼에이 매트리스사는 양심적인 판매를 기본으로 한다. 이 회사는 무료전화, 주야간 주문 접수로 고객이 원하는 시간에 배달하는 전략을 시행하고, 30일간의 시용기간을 통한 고객만족을 제공했다. 이 회사의 신규 고객의 30%는 서비스에 만족한 기존 고객들이 끌어들인다. 이 회사의 경영자는 "고객을 편안하게 해주고 고객이 원하는 것을 고객이 원하는 방법으로 고객이 원하는 때에 제공해줄 수 있다면 당신의 사업은 반드시 성공할 것입니다."라고 말한다.

구호가 아니라 실행

마케팅 우수 기업들은 표어나 구호가 아니라 탁월한 실행을 강조한다. 경쟁시장에서 고객에게 한결같이 봉사하는 일은 긴장되고 힘든 일이다. 마케팅 우수 기업의 하나인 렌트어카사의 직원들은 정장 차림으로 신뢰를 주고 있다. 이들은 최대한의 융통성을 발휘하며 서비스에서 경직되지 않고 유연하게 고객을 대우한다. 이들 우수 기업들은 고객중심 마케팅을 수행하면서 "생각할 줄 아는 서비스"로 융통성을 나타낸다. "생각한다"는 것은 평소에 학습하는 것에서 비롯되는 것이다. 제조업이든 서비스업이든 사실상 모든 기업은 서비스 기업이라고 볼 수 있다.

마케팅에서는 고객에게 초점을 집중시키는 것이 핵심이다. 고객에게 편안함을 제공하고 문제가 생겼을 때 신속히 해결하는 것이 중요하다. 미국의 배달운송업체인 페덱스사는 잘못 배달된 웨딩드레스를 개인비행기를 빌려 고객의 집으로 신속히 보냄으로 고객이 결혼식을 차질 없이 치르게 하였다고 한다. 이것은 많은 사람들에게 화제가 되었고 이 회사가 시장에서 경쟁력을 가질 수 있는 근거가 되었다.

고객을 아는 것은 모든 것만큼 중요

시장에서는 거래를 중단하는 고객이 발생할 수 있다. 그 고객이 왜 거래를 중단했는지 그 이유를 알아야 한다. 그러기 위해서는 고객들의 연락처, 주소 등을 평소의 거래에서 파악해 놓는 것이 매우 중요한 과제이다. 고객감소만 예방하면 신규고객의 유입이 적더라도 지속적인 성장을 이룰 수 있다. 중요한 것은 확률이 높은 사람을 대상으로 집중적으로 마케팅을 실시해야 한다는 점이다. 뚜렷한 목표고객들을 추려내어야 한다.

미국의 경영자 하비 맥케이는 "고객에 대해 조금 아는 것은 자기 회사 제품에 대해 모든 걸 아는 것만큼이나 중요한 일이다"고 그의 저서에서 말했다. 시장에서 고객을 잃는 경우의 70%는 판매에 대한 무관심에서 비롯된다고 한다. '마케팅의 출발점은 판매'임을 명심해야 한다.

융통성 있는 자세

고객 요구에 융통성 있게 대응하는 것은 중요하다. 고객이 원하는 시간에 영업이 이루어져야 한다. 왜 대형 할인점이 늦은 밤까지 영업하는지를 생각해야 한다. 고객이 오기 편리한 시간이 밤이기 때문이다. 융통성이 적은 관료주의, 융통성이 없는 태도 등이 경쟁력의 장애물이다.

독일의 지멘스는 IBM보다 훨씬 뛰어난 컴퓨터 기술을 갖고 있었다. 그런데, 미국의 IBM은 판매와 유통, 고객관리를 기술혁신보다 더 중요시하였다. 이러한 마케팅 지향정신이 경쟁사들을 물리친 힘이었다. 시장에서는 반드시 차별화된 경쟁우위를 갖추어야 한다. 시장에서는 기술위주 보다는 철저한 고객위주 또는 응용위주의 정책이 성공을 거두고 있다. 로렉스사의 회장은 “우리는 시계사업을 하는 게 아니다”고 말했다. 로렉스는 위신, 엘리트 의식, 허영 등의 전혀 다른 욕구를 충족시켜 준다. 이러한 사실은 제품이 아닌 고객의 욕구가 마케팅의 중심개념이 되어야 한다는 것을 말해 준다.

변화를 일으키는 경영자는 매우 엄격해야

기업에서 대기업병, 경직화라는 현상은 문제다. 마쓰시타 고노스케는 “성공을 거두려면 회사는 모든 종업원들의 지적 능력을 남김없이 활용해야 한다.”고 했다. 마쓰시타 그룹의 회사를 비롯한 많은 일본회사들은 특히 교육훈련에 많은 시간과 돈을 투자한다.

미국의 GE를 세계적인 경쟁력을 갖는 회사로 만들었던 잭 웰치는, “변화를 따르려는 사람은 아주 적다. 사람들은 대체로 현 상태를 고수하려 한다. 변화를 일으키고자 하는 경영자는 매우 엄격해야 한다. 당신은 대중 앞에 나서서 당신의 메시지를 되풀이해야 한다. 메시지의 내용은 늘 같아야 하며 아무리 지루하더라도 이 작업을 계속해야 한다. 나의 가장 큰 실수는 더 빨리 움직이지 않았다는 것이다.”라고 말했다. 변화를 성공시키는 데는 신속성이 중요하다는 것이다. 시장은 신속한 응대를 요구하며 고객은 타성에 젖은 기업 임직원들을 냉정하게 관찰하고 있다.

월마트는 1962년 창사 이래 스스로를 방어하면서 아주 효과적으로 운영되었다. 월마트는 초기에 약 5천명의 작은 읍에서 독점적인 지위를 누리면서 서서히 성장하였다. 월마트는 첫째, 임직원들이 전념하도록 보상제도와 업무성과 측정기준을 마련했다. 둘째, 매장들을 하나의 네트워크로 통합하여 의견교환, 자료교환, 성과측정이 원활하였다. 셋째, 능률적인 유통시스템을 갖추었다. 물류센터들이 차로 하루 이상 걸리지 않는 곳에 위치한다. 월마트는 '언제나 낮은 가격'을 모토로 신뢰감을 구축하였다. 케이마트는 지불기한이 45일인 데 월마트는 29일이었다. 이러니 케이마트가 비틀거리며 경쟁에서 낙오될 때에서 월마트는 승승장구할 수 있었다. 월마트는 승산이 있을 때에만 싸움을 걸고 아닌 경우는 대결을 피하였다.

장애가 되는 것은 바로 경영이다

기업이 마케팅 경쟁력을 유지하기 위해서는 최고경영자를 포함한 모든 사람이 판매 현장에서 일한다는 것이 중요하다. 패션업계에서 성공적인 기업으로 유명한 미국의 H&M사는 모든 임직원이 매주 판매현장에 나가 일한다. 이 회사의 경영자는 "매장에 나가 있는 것이야말로 이 사업의 생명을 이어주는 신경줄입니다. 매장에 나가 있지 않은 임원은 누구도 정확한 정보를 얻을 수 없습니다."라고 말한다. 기업은 늘 긴박감을 갖고 움직이는 사람들로 이루어져야 한다.

미국의 유명한 미디어회사인 클리어 채널은 회사의 승승장구하는 성장에도 불구하고 좁디좁은 사무실이나 칸막이를 한 작은 방에서 일하고 있다. 극도로 검소하고 절제하는 태도는 인간의 정신을 맑게 한다. 이는 창의적 관점과 총명한 해법을 낳는 데도 도움이 된다. 시장에 접근하는 속도, 기회를 포착하는 속도의 관건은 유연성이다.

철강업체로서 최고의 경영 실적을 보였던 뉴커사의 최고경영자인 아이버슨은 "진정으로 장애가 되는 것은 근로자도 아니며 노동조합도 아니다. 그것은 바로 경영이다."라고 말했다. 피터 드러커는 그의 저서에서 "무엇보다도 IBM의 왓슨은 교육하고, 교육하고, 또 교육했다"고 기술한다. IBM, 페덱스사, 디즈니사 등도 엄격한 교육을 통해 성공해 왔다. "미국 기업이 해야 할 가장 중요한 일은 관리계층의 수를 줄이는 일이다."라고 뉴커사의 아이버슨 회장은 말했다. 마케팅에서 긴박감을 조성하는 것이 중요하다.

고객들을 안심시켜야

미국의 골드실 레이저 부품회사는 회장을 비롯한 중역들의 집 전화번호를 고객에게 알려주었다. 고객의 불만을 최고경영자가 직접 접수하겠다는 표시였다. 이런 조치로 매출은 30% 가량이나 증대했다. 회장은 이 후 4달 동안 단지 한 통의 전화를 받았을 뿐이라고 한다. 이러한 조치로 시장에서 이 회사 제품에 대한 신뢰감과 안도감을 크게 높였다. 경영자는 시장의 신뢰를 얻기 위해 스스로 최전선에 자신을 노출시켜야 한다. 그래야 전체 임직원의 긴장감이 되살아날 수 있다.

서비스가 좋은 기업은 가격을 9%가량 높게 책정했음에도 불구하고 2배 빠른 속도로 성장했다는 연구가 있다. 시장에서는 조사대상 고객 27명 중 26명이 불쾌한 경험이 있어도 이를 신고하지 않는다고 응답하였고 불만을 품은 응답자의 91%가 다시는 그 업체를 이용하지 않겠다고 대답했다. 미국의 밀리켄사는 카펫사업에서 견본을 보낸 후 제품의 배달까지 6주간 걸리는 시간을 5일로 단축시켰다. 80일이라는 주기가 규범화되었던 품목도 단 3일로 대폭 감축되었다. 미국의 러버메이드사 대표이사 골트는 "고객들을 직접 만나 이야기를 나누어야 한다."라고 말했다. 바로 마케팅을 중시하는 회사들의 사례인 것이다.

훌륭한 사람이 없다면 시작하지 말라

좋은 서비스는 고객유지율이 높고, 판매비용이 낮으며 판매이윤과 순이익이 높다는 사실이다. 컨설팅회사의 최고경영자로 일하는 론 젬키는 사업을 시작함에 있어서 "훌륭한 사람을 갖출 수 있다면 일을 시작하고 그렇지 않다면 일을 시작하지 말라. 명석하고 재치있고 잘 훈련된 근무자들이 필요하다."라고 말한다. 성공적으로 마케팅을 행하는 조직에서는 직원의 훈련 및 능력 개발을 끊임없이 행하고 있다는 사실이다. 훈련을 제대로 받은 직원은 문제점을 훌륭하게 해결하고 지식, 기술, 수완 면에서 뛰어나다. 기술에는 기교적인 기술, 대인 기술, 제품과 서비스에 대한 지식, 고객에 대한 지식 등이 있다. 훈련은 너무나도 중요하다. 고품질 서비스를 성공적으로 제공하는 회사들은 끊임없이 학습하는 회사다. 이러한 요건들은 마케팅을 지향하는 조직이 반드시 갖추어야 하는 것들이다.

저명한 경영 컨설턴트인 칼 알브레히트는 "고객 만족에 실패하는 주원인은 경영자에게 있다. 규칙이나 관리를 유연하게 하면 종업원은 고객에 대해 보다 헌신적이 된다는 사실이다."라고 말한다. 이는 '고객제일'이라는 서비스 문화가 필요함을 강조한 말이기도 하다. 디즈니가 비싼 입장료를 받을 수 있는 것은 즐거움과 환상의 세계에서 질 높은 서비스를 창조하고 있기 때문이다. 모든 조직은 모든 사람이 서비스업에 종사하고 있다는 의식이 필요하다. 업종이 제조업이든 서비스업이든 결국 고객을 만족시켜야 하는 서비스가 필수적이기 때문이다.

서비스란 경영 자체이며 마케팅 자체

고품질 서비스를 모든 부서의 종업원에게 가르치는 것은 매우 중요하다. 경영자는 고객 서비스 향상에 대해 종업원에게 되풀이하여 이야기할 필요가 있다. 가장 좋은 방법은 경영자 자신의 행동이다. 서비스는 어려운 것이다. 끈기있게 서비스 향상에 도전한다는 자세가 중요하다. 경영자가 솔선수범하는 것이 필수적이며 임직원들에 대한 교육훈련이 충분해야 한다. 서비스에서의 성공비결은 계속하는 것에 있다. 항상 긴장하고 적극적인 자세로 지속하지 않으면 서비스 품질은 금세 저하되어 버린다. 서비스란 경영 그 자체이며 마케팅 자체인 것이다.

미국 기업 사장들의 약 40%이상이 세일즈맨 출신이라는 사실이다. 비즈니스맨은 직업 중 가장 어려운 직업의 하나이며 능력과 자부심을 갖지 않는 자는 성공할 수 없는 직업이다. NCR회사를 설립하여 최고경영자 자리에 취임한 패터슨은 판매를 잘 하는 사람과 못 하는 사람 사이에는 성격의 차이가 크게 있다는 것을 알아냈다. 잘 파는 사람들의 성격은 적극적이고 능동적이고 낙천적인데 판매가 시원찮은 사람들은 반대였다는 것이다. 그 중에 판매가 시원찮은 그룹에 속한 크레인이라는 사람이 갑자기 판매실적에서 선두를 달렸다. 그 이유를 알아보니 판매화법을 연구하고 연습하였다는 것이다. 크레인은 요즘 말하는 '롤플레잉'을 해보는 것이 중요하다는 것을 알았고 세일즈는 항상 연구해야 된다는 것을 깨달았다.

능력은 만들어진다

최고경영자 패터슨 회장은 이러한 사실을 알고 세일즈 교육을 시키기로 했다. 교육의 효과는 놀라웠다고 한다. 교육을 통해 세일즈맨의 자질이 향상될 수 있다는 것이다. 비즈니스맨은 태어나는 것이 아니라 만들어지는 것이다. 가장 중요한 것은 첫째 요소인 판매에 적합한 정신자세이다. 비즈니스 전문가는 실적과 경험이 있어야 하며, 엄청난 능력의 소유자이어야 하며, 항상 새로운 이야기를 할 수 있는 새로운 기술과 새로운 지식의 소유자여야 한다. 이를 위해서는 관련 책을 항상 많이 읽고 공부를 지속적으로 해야 한다.

프로 세일즈맨은 구매 가능성이 보다 많은 가망고객을 방문한다. 처음 방문은 가능하면 회사의 고위간부를 상대로 해야 한다. 최고의 세일즈맨이었던 미국의 보험회사 사장 스톤은 할 수 있다는 적극적인 정신자세가 중요함을 알았다. "판매는 시장이나 고객의 상황에 따라 좌우되는 것이 아니라, 세일즈맨의 정신자세에 달려있다."라고 그는 말했다. 경영학자 피터 드러커는 "어느 기업체나 두 가지 기능을 가지는데 마케팅과 경영혁신이다"고 했다. 최고경영자가 바로 마케팅 책임자이다. 휴렛패커드 창립자인 데이비드 패커드는 "마케팅이 너무 중요한 활동이기에 마케팅부에만 맡겨 둘 수 없다."라고 말했다.

제2장

열정과 확신

낙관주의와 배짱

미국의 심리학자 셀리그먼은 "낙관적인 직원들은 비관주의자들에 비해 250~300%의 높은 판매실적을 올린다"는 사실을 발견했다. 또한 위기에 낙관적인 사람들은 비관적인 사람들보다 오래 산다는 사실을 입증했다. 뉴욕 시립대학 심리학과 교수인 수잔 울레트는 20년 동안 '배짱'이라는 특성을 연구하였다. 배짱이 두둑한 사람들은 위기에서도 부정적인 것에 덜 고통받는다고 한다. 이는 겨울에 식물이 세포벽을 두텁게 하는 능력과 같다는 것이다. 배짱은 위기에서 신체적, 정신적 건강을 가늠하는 잣대라고 할 수 있다. 통제력과 절제력은 매우 중요한 것이다. 삶에 대한 통제력과 위기대처 능력에 대해 갖는 믿음을 스탠포드 대학 교수 앨버트 밴두라는 자기효율성이라고 부른다. 자기 통제력을 가진 사람들은 질병에 대해 강한 면역력을 갖는다고 한다.

최고로 인정받는 비즈니스맨들은 호기심이 많고, 적극적으로 사고하며, 새로운 생각을 받아들이는 데 적극적이다. 결국 아이디어를 판매하려면 자신의 생각이 아니라, 그 아이디어가 목표달성에 어떻게 도움이 되는지를 설명해야 한다. 광고기획사 레너드-모너헌의 공동설립자이며 현재 비포&애프너사 대표로 창의력 개발분야에서 활약하고 있는 톰 모너헌은 "자신의 아이디어가 최고라는 확신을 가져야 한다. 확신은 거래를 성사시키는 보증수표다."라고 말한다. 이는 확신과 열정이 중요함을 강조하고 있는 것이다.

열정이야말로 성공 영업의 큰 요인

뛰어난 비즈니스맨이었던 미국의 프랭크 베트거는 초등학교 밖에 나오지 않았는데, 그는 보험 외무원으로 새 출발을 하게 되었다. 그는 10개월 동안 많은 방문을 하고서도 한 건도 계약을 따오지 못한 결과, "세일즈맨으로서 부적격" 판정을 받았다. 베트거는 열정의 중요성을 알게 되었고 고객들에게 자신의 열정을 보여주고자 노력했다. 그 결과 그는 회사의 전체 외무원 중 1위의 실적을 올리게 되었다.

베트거는 "사람들이 판매를 거절하는 것은 그들이 사고자 하는 마음을 일으켜 줄만한 충분한 증거를 제시하지 못하고 있다는 것이다. 사람들이 무얼 원하고 있는가를 발견해서 그것을 획득하는 최선의 방법을 찾아내어 주는 것이다. 그것이 판매의 비결이다."라고 말하였다. 그는 열정적인 비즈니스맨을 모습을 보여주겠다고 결심하였다. 그는 32년간 영업을 하면서 열정이야말로 성공적인 영업의 가장 큰 요인이라고 믿게 되었다. 베트거가 입증한 것은 "지식이 아니라 열정이 성공의 비결"이었던 것이다.

마케팅은 고객을 설득하는 활동이다. 열정은 설득에 중요하다. 커뮤니케이션 전문가인 다카시마 유키히로는 "사람에게는 이익욕, 도피욕, 자존심 만족욕의 3대 욕망이 있다."고 말한다. 마케팅에서는 이러한 인간의 욕망을 자극하는 것이 효과적이다. 무엇보다 비즈니스맨은 설득 하는 내용이 상대에게 좋은 일이라고 확신해야 한다. 확신에 근거한 진실성이 중요한 것이며 테크닉은 부수적인 것인 것이다. 하바드 대학 교수였던 윌리엄 제임스는 "어떤 분야를 성취하게 하는 궁극적인 힘은 목표를 향한 열정에 달려 있다. 목표로 하는 것만을 진실로 염원해야 한다."라고 말했다.

자신의 성공은 '개인적 철학' 덕분

이나모리 가즈오는 1932년 가고시마시에서 출생하였다. 그는 1959년 지인의 출자를 얻어 교토세라믹주식회사를 설립하고, 1984년 통신회사 DDI를 설립하여 큰 성공을 거두었다. 교세라 그룹은 일본에서 굴지의 기업군으로서 명성을 떨치고 있다. 1984년 이나모리는 자신의 많은 재산을 이나모리 재단을 설립하여 사회를 위하여 환원하고 있다. 그는 자신의 자서전을 통하여 자신이 사업가로서 성공하게 된 비결을 알려주고 있다.

이나모리는 자신의 성공은 '개인적 철학' 덕분이라고 말했다. 교토세라믹(주)는 그의 '철학'을 좋아했던 지인이 출자한 돈으로 세운 것이다. 지인들은 출자할 때 이나모리에게 단 한 가지 약속 즉 '절대로 돈의 노예는 되지 않겠다'는 약속을 해달라고 했다. 교세라는 첫 해를 마감할 무렵부터 이윤을 내기 시작하여 그 후 현재까지 매년 흑자를 기록하고 있다.

정신을 함양하고 순화하는 독서를

이나모리는 "인생에서는 한 걸음씩 나아가야 하며 마법의 융단은 없다. 그 중에서 태도가 가장 중요한 요소이다. 재능보다 열의와 올바른 철학이 더 중요하다."라고 말한다. 그가 자신의 열의와 올바른 철학을 유지하기 위하여 철저하게 지킨 지침은 의외로 간단하다. 이나모리는 "정신을 함양하고 순화할 수 있는 독서를 해야 한다. 나는 일과 후에 아무리 늦은 밤이라도 항상 집에서 책을 읽는다. 잠깐씩 시간을 내어 좋은 책을 읽고 깊은 감동을 느낄 정도의 시간은 아무리 바빠도 낼 수 있는 것이다. 독서는 실제 체험을 더욱 의미 있게 만드는 기준을 제공한다. 자신의 실제 경험 그리고 독서를 통해 간접적으로 얻는 다른 사람의 경험은 성공할 수 있는 정신적 뼈대를 만들어 준다."라고 증언하고 있다.

이나모리는 사람을 세 유형으로 구분한다. 자가연성 인간, 타가연성 인간, 불연성 인간이 그 세 유형이다. 자가연성 유형은 열의와 열정이 있으며 스스로 불이 붙는 사람이다. 타가연성 유형은 주위에서 동기를 부여해주어야 불이 붙는 사람이다. 불연성 인간은 아무리 자극을 주어도 마이동풍인 사람이다. 이나모리는 "가장 필요한 유형은 자가연성 유형이다."라고 말한다. 이는 스스로 열정에 불타올라 일에 매진하는 사람을 일컫는 것이다. 열정과 확신은 이나모리가 엄청난 성공의 사업가로 가는 핵심 비결이었다.

열정은 감성지능과 관계

열정은 감성지능과 관계가 있으며 대인관계에서 아주 중요한 요소다. 감성지능은 하버드대학 교수 대니얼 골먼이 주창한 개념이며 이는 EQ라고도 한다. 골먼은 다음의 사례를 소개한다. 영국의 BBC의 뉴스국이 폐쇄의 위기에 처했었다. 경영진의 결정을 전달한 간부가 그 소식을 전달하는 태도와 방법이 문제가 되어서 예견된 반발보다 더 큰 문제가 초래되었다. 다음날 다른 간부가 다시 뉴스국을 찾았다. 그는 직원들에게 공감대를 형성하는 방법으로 말했고 열정과 헌신의 마음까지 불러일으켰다. 의사를 전달하는 과정에서 감정과 어조에 큰 차이가 있었다. 그것은 리더의 언행이 감정에 미치는 영향력이 크다는 사례를 보여주었다. 리더의 태도는 '무엇을'이 아니라 '어떻게'에 해당하는 태도라는 것이다.

열정 즉 감정은 전염된다. 열정에 의해 고객 만족을 높이면 이는 사업 수익으로 연결된다. 인간에게 최상의 행복이 없다는 것은 열정이 없다는 것과 비슷한 의미를 지닌다. 열정은 강렬함을 지닌 감정으로 내면 깊은 곳에서 발화한다. 마케팅에서 열정을 제거한다면 허무한 것이 될 것이다.

잘못된 태도는 모든 것을 무용지물로

아메리칸 익스프레스의 사장 토마조는 "고객만족도를 높이기 위해 직원들에게 기술적인 문제를 훈련하는 것은 쉽다. 그러나 직원들의 태도를 바꾸는 것은 정말 많은 노력을 요하는 일이다."라고 말했다. 태도는 감정에서 그리고 열정에 의해서 형성되는 것이다. 직원들의 잘못된 태도는 모든 전략과 모든 우수한 기술, 모든 우수한 품질을 무용지물로 만든다. 하버드 대학의 모스 캔터는 "기업서비스 전략의 성공과 실패는 일선직원들에 의해 좌우된다. 고객을 직접 접하는 사람들이 이들이기 때문이다"고 말한다.

시장은 항상 변한다. 고객들의 충성도를 높이는 방법도 그에 따라 변해야 한다. 고객들의 반응에 지나치게 낙관하지 말고 긴장감을 유지하면서 대응하지 않으면 안 된다. 고객들과 밀접한 관계를 가지는 데는 기본적인 관심과 시간, 노력, 열의. 그리고 후속조치들이 중요하다. 이러한 모든 것에 열정이 뒷받침되지 않는다면 헛된 구호로 그친다는 사실이다.

독특한 마케팅 기술

제3장

차별성의 추구

사업의 목적은 고객 창조

마케팅학 교수인 테오도르 레비트는 "사업의 목적은 '고객을 창조하고 지키는 것'이다. 고객은 물건을 사는 것이 아니라 문제에 대한 해결방법을 구매한다. 판매자는 자신의 제품을 차별화해야 한다. 경쟁의 요체는 경쟁자와 다른 것을 제공하고 나은 것을 제공하는 차별화이다."라고 말한다. 차별화는 고객을 창조하는데 매우 중요한 요소라는 사실이다.

레비트는 "기업은 시장이 포화해서라기보다 경영이 실패했기에 성장이 멈춘다. 그 실패의 원인은 조직 상층부에 있다."라고 말하고 있다. 비즈니스맨은 고객의 니즈가 어디에 있는지 파악해야 한다. 제품 지향주의는 위험한데 그 이유는 고객만족이 제품이나 서비스를 생산한다는 방향으로 흐르게 되기 때문이다. 경영활동의 핵심은 제품이 아니라 고객과 그 니즈로부터 시작하는 것이다.

낮은 가격에만 의존하는 것은 몰락의 길

'고객체험의 경제학'의 저자 조지프 파인과 제임스 길모어는 "낮은 가격에만 의존하는 비즈니스는 몰락의 길이다. 비즈니스 경쟁은 고객 중심이고 체험이다."라고 말한다. 고객들은 가격이 아니라 차별화를 원하며 차별화된 체험을 통하여 가치를 느낀다는 것이다.

사우스웨스트항공사의 최고경영자 허브 켈러허는 “차별화할 수 있는 것은 오직 직원뿐이며 그들의 서비스이다.”이라고 말했다.

‘돈 버는 마케팅은 분명 따로 있다’의 저자 제이 에이브러햄은 “독특한 판매제안을 하라. 시장에서 돋보이는 존재가 되기 위해서는 특별한 혜택이나 이점을 고객에게 제공해야 한다. 이를 ‘독특한 판매제안’이라고 한다. 모든 마케팅의 성공은 여기에 달려 있다.”라고 말한다. 시장에서 비즈니스맨은 독특한 판매제안를 개발해내는 것이 중요하다는 것이다. 이는 고객에게 확실히 약속할 수 있는 혜택에 집중하는 것을 의미한다.

차별화된 전략과 능력

비즈니스맨은 고객을 보호하는 믿음직한 조언가가 되어야 한다. 이는 고객에게 초점을 집중시키는 것이 핵심이다. 고객에게 편안함을 제공하고 문제가 생겼을 때 신속히 해결하는 것이 중요하다. 미국의 페덱스사는 잘못 배달된 웨딩드레스를 개인비행기를 빌려 고객의 집으로 신속히 보냄으로 고객이 결혼식을 차질없이 치르게 하였다. 이것은 분명 다른 경쟁자들보다 뛰어난 서비스였고 페덱스사가 차별화의 능력이 있음을 보여주었다. 페덱스사는 약속한 시간보다 소포가 늦게 도착할 경우 고객으로부터 운임을 받지 않는다. 이러한 차별화된 전략이 그들에게 강한 경쟁력을 주는 것이다.

제품을 필요로 하는 사람들에게 경쟁제품들과 차별화되는 이점을 효과적으로 전달하는 것이 마케팅이다. 미국의 페덱스사는 하룻밤 사이에 탁송을 완료하는 최우선 순위를 두는 새로운 경영전략에 집중적인 노력을 기울였다. 즉 '하룻밤 사이에 가야 할 곳에 반드시 탁송된다는 것은 절대적으로 어김이 없다'는 것이다. 이 회사의 마케팅에서 요금이 저렴하다는 내용은 사라졌다. 이 슬로건을 내건 후 어느 사이에 이 회사의 경영이 호전되기 시작했다. 이 회사는 1975년 손익분기점을 넘어선 후 한 번도 적자를 본 적이 없다. 시장에서 고객들은 일반적으로 요금이 비싸면 그 서비스가 더 좋은 것으로 생각하는 경향이 있다.

차별화하는 방법에는 여러 가지

비즈니스에서 차별화하는 방법에는 여러 가지가 있다. 추가제품을 구입할 기회를 제공하고 고객에게 더 많은 가치와 혜택을 가져다 줄 수 있는 방법을 적용할 수 있다. 잡지의 정기구독을 판매하는 경우에 구독기간을 2년으로 하면 2년째의 구독료를 할인해 줄 수 있다. 세차를 하는 경우 한 대에 10불을 받는다면 두 대일 경우 16불에, 세 대일 경우 22불로 해 줄 수 있다. 세탁업자가 옷 한 벌에 5불을 받는다면 3벌인 경우 12불에 해주어도 더 많은 이익이 남는다. 원가는 얼마 안 되기 때문이다. 지속적인 서비스를 제공하는 방법을 비롯해 선택의 폭을 넓히는 방법으로 지속적인 거래로 유도해야 한다. 회원제를 도입하여 지속적인 관계로 만들어야 한다. 이는 차별화의 방법 중 하나인 것이다.

성악 레슨을 가르치는 한 지도교사는 1회 레슨비로 20불을 받고 있었는데 보통 월 2회의 레슨을 해주었다. 그 교사는 다섯 번의 레슨기회를 제공하며 월 65불의 레슨비를 받는 형태로 전환하였고 수입도 늘었다. 또한 학생들의 레슨기간도 이전보다 훨씬 장기간으로 늘어났다. 교사는 안정된 수입과 더불어 학생모집에 신경 쓰는 일로부터 상당히 해방되었다.

어느 성형외과 의사는 안면 성형수술을 기본옵션이 주름제거 수술로, 두 번째 옵션이 주름과 쌍꺼풀 수술을 함께 하는 것으로, 세 번째 옵션을 주름과 눈, 코 수술을 함께 하는 것으로 하였다. 이러한 다양한 선택에 고객의 절반 이상이 두 번째나 세 번째를 선택하였고, 고객 1인당 평균 수입이 크게 증가하였다. 이러한 선택의 다양성으로 가장 크게 이익을 보는 사람은 바로 고객들이었다. 이러한 다양성은 다른 경쟁자와 차별화되는 전략이었다.

고객을 차별화하는 마케팅

고객을 차별화하여 마케팅하는 것은 매우 중요하다. '차별화'는 특정 고객에 대한 '집중도'를 높이는 것을 의미한다. 고객이 될 확률이 높은 사람을 대상으로 집중적으로 마케팅을 실시해야 한다. 일반인과 잠재고객의 차이점은 고객이 될 확률에 있다. 잠재고객은 당장이라도 당신과 거래에 나설 수 있는 사람이다. 구입할 가능성이 높은 사람들을 상대로 판매노력을 집중시켜야 한다. 워크아웃 분야의 권위자로 변신한 한 변호사는 금융기관의 워크아웃 담당자들의 명단을 파악하고 그들에게 집중적인 접근을 시도했다. 그 결과 그는 워크아웃 전문변호사로서의 확실한 입지를 굳힐 수 있었다. 이는 고객을 선택적으로 파악하는 차별화 개념에서 나온 전략이었다.

미국 내의 모든 제품에서 가장 가격이 싼 제품이 선두를 달리는 경우는 전혀 없다고 한다. 유능한 사업가는 고객과의 장기 관계가 중요함을 인식한다. 고객에게 헌신하려는 자세, 배우는 걸 두려워하지 않는 자세는 차별성 있는 마케팅을 가능하게 해준다. 탐구하는 자세는 유능한 사업가의 두드러진 특징이다. 진정한 차별성을 추구하는 것은 고객에게 특별한 대접을 하고 있다는 점을 느끼게 해주는 것이다. 누구나 할 수 있는 마케팅이 아니라 전문적인 지식을 통해 양질의 마케팅을 추구해야 한다. 마케팅을 제대로 효력을 발휘하게 하는 것은 헌신적인 열정이다.

차별화하는 백화점

백화점 노드스트롬은 다른 백화점들과의 차별성에서 뛰어남을 보여주었다. 이 백화점은 '서비스'에 역점을 두면서 고객의 마음을 사로잡았다. 백화점 영업의 핵심이 바로 대고객 서비스이기에 이 점에서 강점을 가진 노드스트롬은 생존력을 갖게 되었다. 현실적으로, 백화점을 찾지 않는 쇼핑고객 70%를 끌어들이기 위해 애쓰다 보면 확보해 놓은 고객 30%까지 잃을 가능성도 있다. 사실 노드스트롬의 경우 고객의 약 10%를 차지하는 핵심 단골고객이 매출의 90% 정도를 발생시키고 있는 것으로 추산된다. 이 백화점은 이들 핵심고객들에 대해서는 개인별 관심을 기울이고 차별화된 특별 서비스를 제공하는 배려를 한다. 일반 고객들에게는 보통의 친절한 서비스만으로도 만족시킬 수 있다는 것을 노드스트롬은 알고 있다.

노드스트롬은 고객이 상품을 산 후 5년이 지난 후에도 상품의 환불을 요구하면 응한다는 정책을 시행했다. 혹자는, 수많은 악질적(?)인 소비자들이 엄청나게 많은 환불을 요구할 것이라고 예상할지 모른다. 실제로는 2%가 안 되는 고객들만이 환불을 요구하였다. 그 고객들은 환불로 그친 것이 아니라 환불에 만족하여 새로운 상품을 더 구입하였다고 한다. 미국에서 많은 백화점들이 대형 할인점의 가격공세에 밀려 망해나갈 때에도 노드스트롬은 계속 성장하는 신화적인 업적을 보였다. 소비자를 위하여 보증하겠다는 결심은 매우 어려운 것이다. 하지만 이를 수행하는 기업은 생존할 수 있는 강력한 힘을 갖게 된다는 사례이다. 이처럼 성공적인 결과를 얻기 위해선 차별화된 보증을 위한 여러 가지 시험이 미리 실행되어야 한다.

다른 백화점과 다르다

노드스트롬의 판매사원들은 자신을 독립된 사업가로 본다. 다른 백화점이라면 일주일이 걸릴 일을 한 시간 내로 처리해 주며 약속한 시간에 틀림없이 처리한다고 한다. 그들은 늦어질 때 변명하거나 잘못 처리하는 경우가 없다. 그들은 고객명단을 작성하고 그들의 전화번호, 치수, 구입 품목, 선호도, 취향, 특별 주문내용 등을 기록한다. 그리고, 좋은 상품이 들어오면 미리 전화로 알려주는 습관을 길렀다. "고객을 만족시키기 위해서라면 실제로 무엇이든 하라."는 노드스트롬의 방침은 다른 백화점들과 차별화를 이루었다. 노드스트롬의 고객은 중산층에서 고소득층에 걸쳐 있다. 노드스트롬에서는 고객서비스에 대한 책임과 권한을 모든 사원에게 부여한다. 그것이 사원들을 열성적으로 만들며 더 많은 생각들을 이끌어낼 수 있기 때문이다. 노드스트롬은 평당 매출액이 업계평균의 2배이다.

노드스트롬은 상점 지배인에게 필요한 만큼 판매사원을 고용하고 상품을 구매할 권한을 준다. 구매 담당자들과 매니저들은 항상 매장에 머물면서 판매 사원들 및 고객들과 접촉한다. "고객만족을 위해 헌신하라"는 것이 노드스트롬의 좌우명이다. 시장에서 백화점들이 경쟁력을 점점 상실해 갔는데, 경쟁자인 메이시스 백화점은 1993년 파산상태에 빠졌다. 메이시스의 어느 중역은 "우리는 결코 노드스트롬이 될 수 없었다. 고객들도 그것을 기대하지 않았다."라고 말했다고 한다. 노드스트롬은 매장에서 일하는 사원들에게 고객의 실수로 손상된 것일지라도 반품을 받을 권한을 주었다.

고객에게 맞추어야

그들은 "우리가 고객에게 맞추어야 하며 고객은 사업의 원동력이다."라고 말한다. 노드스트롬은 반품정책에서 무조건적인 현금 반환을 보증한다. 노드스트롬의 경영자인 브루스 노드스트롬은 판매사원들에게 "고객이 5년간 신은 신발 한 켤레를 갖고 와서 불평하면서 환불을 요구한다면 당신은 환불해 줄 권한이 있다."라고 말했다. 이 철학의 핵심은 정직하지 않은 소수 때문에 다수에게 피해를 주지 않겠다는 것이다. 그에 소모되는 경비를 계산해보니 충분히 유지해 나갈 수 있다는 결과가 나왔다. 이것은 광고효과도 있었다.

노드스트롬의 판매사원들은 상점의 어떤 매장에서도 자유롭게 판매할 수 있다. 이는 1인 밀착서비스를 하여 모든 문제를 한 사람이 처리해 줄 수 있다. 노드스트롬의 지배인들은 근무 시간의 75%를 매장에서 보낸다. 고객들은 직접 지배인이나 구매 담당자들과 얘기할 수 있다. 경쟁자들인 대형백화점들은 광고에 막대한 돈을 소비하였으나, 노드스트롬은 그 돈을 직원들을 위한 보조금으로 사용한다. 노드스트롬은 직원 모임을 자주 가져 판매기법을 비교분석하고 토론하는 연구시간으로 활용한다. 또한 직원훈련교육 프로그램을 마련하고 있다. 판매경진대회를 실시하여 창조적인 긴장감을 조성한다.

웃는 사람을 고용하여 기술을 가르친다

노드스트롬은 이익분배퇴직제도를 통해 퇴직 시에 도움을 주는 마련이 있다. 직원들의 연봉에서 일부를 내고 회사에서 출연하여 기금을 마련하는 것이다. 회사에 대한 충성심을 기대하는 방안은 그들을 인정하고 존중하며 좋은 보수를 주는 것이다. 노드스트롬은 "우리는 좋은 사람들을 고용해서 판매기법을 교육한다. 우리는 웃는 사람을 고용하여 기술을 가르친다."고 말했다. 노드스트롬에서는 규칙이 별로 없으며 스스로 판단을 내리고 창의성을 발휘하도록 한다. 노드스트롬의 지배인은 개인고객 수첩을 활용하는 방법, 고객 명단을 확보하는 방법을 알려주고 신참 직원이 경험 많은 직원과 팀을 이루게 하는 등 지도한다.

노드스트롬은 판매를 가장 우선하며 남다른 고객서비스에 열쇠가 있다고 생각한다. 그들은 고객 수첩을 중요시한다. 노드스트롬의 새로운 고객의 90%는 기존 고객이 소개해 준 사람들이라고 한다. 시장에서 영업을 지속할 수 있는 기본적인 기반은 단골 고객이다. 이들 고객들을 단골고객으로 확보하는 것은 끊임없이 생각하여 차별화된 서비스를 개발하는 것이 주요 요인이다.

소매업은 항상 불안정한 사업

노드스트롬에서는 특별 고객들에게 사려 깊게 전화를 걸어 준다. 시장에서 고객의 신뢰를 얻는 방법의 하나는 판매하는 상품에 정통하는 것이다. 노드스트롬의 판매직원들은 무언가 긍정적인 분위기를 만들고 고객의 스타일을 칭찬한다. 그들은 고객을 외모로 판단하지 말고 고객에게 겸손해야 한다는 점을 알고 있다. 노드스트롬에서는 절대로 가격을 최우선으로 거론하지 않는다.

"나의 책임은 고객에게 자신이 최고의 상품을 보고 있다는 확신을 주는 것이다. 우리가 같은 입장에 서 있고 고객이 의사결정 과정에 참여하고 있다는 것을 확실히 해준다. 고객의 말을 경청해야 한다."라고 노드스트롬의 최고 판매사원인 매카시는 말한다. 그는 하루를 마감하면서 고객들에게 감사 편지를 쓴다. 노드스트롬은 고객지향적인 자세, 올바른 자세를 보여주고 있는 것이다. 소매업은 항상 불안정한 사업이다. 편리함과 신뢰성, 기능, 가격에 걸맞는 품질을 가져야 한다. 시장에서는 하드웨어보다 소프트웨어인 고객지향정신이 생존의 열쇠가 된다. 이것이 차별화의 바탕이 되는 것이며 인적 자원을 제대로 육성하는 것은 매우 중요하다.

차별화의 유리함

어느 자동차 판매상은 판매한 자동차에 불만이 생겼을 경우 조건 없이 2주 내에 100% 환불해 주겠다는 보증을 걸었더니 판매량이 두 배 늘었다고 한다. 놀랍게도 대부분의 고객들은 환불을 요구하지 않았으며 오히려 다른 차로 바꿀 때에도 그를 찾아왔다.

자동차제조 기술의 발전으로 품질의 차이는 점차 없어져 가고 있다. 결국 자동차회사의 경쟁력은 뛰어난 차별화가 승부의 결정적인 요소이다. 차별화는 물리적인 것보다 서비스나 고객에 대한 책임감 등이 훨씬 더 중요하다. 앞으로 시장개방이 더 넓어져 많은 외국 자동차가 수입되면 국내 자동차회사는 어디에서 경쟁력을 보여줄 것인가?

최근에 발생한 자동차회사의 소비자에 대한 대응을 보면 실태를 알 수 있을 것 같다. 아래에 사례를 소개해보기로 한다.

"저는 OO자동차를 구입한 소비자입니다. OO자동차를 2009년 XX최고급형을 구입했습니다. 자동차 시동이 걸렸는데 시동 모터는 계속 돌아가고, 며칠 후에 같은 증상으로 또 그러는 것입니다. 시동은 꺼졌는데도 시동모터가 돌아가는 거였습니다. 정비공장 기사가 하는 말이 '차량이 문제가 많네요.' 그러더니 차량을 며칠만 입고해 달라고 하는 거였습니다. 그 후 차량을 다 수리를 했다고 찾았는데 또 같은 증상이 계속 되는 거였습니다. 계속 증상은 반복되고 차량을 분해했다가 조립하고 그 후에 5번 정도를 정비소에 입고시켰습니다. 자동차는 아직도 여전히 불량합니다. 제가 어떻게 했으면 합니까??"

이 문제의 자동차 제조회사는 어떻게 대응했는지 이런 문제가 계속 발생하고 있다. 인간은 완전하지 못하며 자동차제조회사도 완전한 회사는 없다. 아무리 뛰어난 제조회사라도 불량 제품은 나올 수 있다는 사실이다. 확률의 문제이지 모든 자동차제조회사는 극히 소량이라도 불량품이 나온다. 문제는 이러한 불량품이 소비자에게 갔을 때 어떤 대응을 하느냐 여부가 뛰어난 회사와 3류 회사를 가르는 것이다.

단골고객이 새로운 고객을 데리고 올 것

자동차회사 경영자는 자기 가족에게 차를 판다는 마음으로 경영해야 한다. 일정 요건에 달한 자동차 불량 건이 발생하면 직원 2명을 보내어 며칠 간 소비자와 함께 운행하면서 그 원인과 대책을 강구해야 한다. 모든 처방을 했어도 시정할 수 없다면 새 차로 교환해 주어야 한다. 자기 가족에게 자동차를 판매했다면 그렇게 했을 것이기 때문이다.

이로 인하여 발생할 손해는 현실상 그리 많지 않다는 사실이다. 자동차회사가 광고에 쏟아 붇는 자금의 1/2 정도만 극소수의 중대한 불량 자동차 교환에 쓰더라도 수많은 고객들이 그 자동차회사를 광고하고 또 광고하고 다닐 것이다. 그 광고 효과는 엄청날 것이다. 그러한 손해가 막대하여 큰 손해가 된다면 그 차종을 생산 중지하든지 자동차회사를 폐업해야 한다.

그런 책임감도 없다면 경영자 자격이 있다고 할 수 없다. 고객에 대한 강한 책임감은 차별화하기 어려운 요소이지만 경쟁력에 매우 중요하다. 매우 높은 가격임에도 외국차를 사는 사람들의 심리를 통찰해야 한다. 자기가 판 자동차에 대하여 틀림없이 책임지는 자동차회사라면 단골고객이 새로운 고객을 데리고 올 것이다.

델컴퓨터의 차별화 사례

델컴퓨터의 설립자인 마이클 델은 1983년 텍사스대학 기숙사에서 업그레이드된 PC를 판매하는 수익사업을 시작하고 1984년 1천불로 회사를 설립했다. 1984년 12월 회사등록을 마친 델은 텍사스 오스틴 지역주민들을 상대로 지역신문에 광고를 내고 주문을 받아 월 5-8만 불의 매출을 올렸다. 고객주문에 의한 판매이므로 가장 인기있는 구성이 무엇인지 알 수 있고 재고 걱정도 없었다. 중간 판매상이 없기에 좀더 저렴한 가격으로 판매했다.

시장에서 기업체와 개인 소비자들에 따라 차이가 있으므로 델컴퓨터는 판매원들을 특화된 전문가로 만들었다. 컴퓨터 시장에서 가장 큰 애로사항은 신뢰의 문제였다. 4천불이라는 거금을 들인 컴퓨터가 믿을 수 있어야 하므로 델 제품은 30일 동안 환불을 보증한다는 광고를 대대적으로 실어 신뢰를 높였다. 부품들은 최대한 호환성이 있는 것들을 사용하였다. IBM이 6MHZ 286PC를 판매했는데 델컴퓨터 제품은 12MHZ의 PC로서 가격은 IBM이 3천9백불, 델컴퓨터는 1천9백95불이었다. 경쟁력이 월등한 델컴퓨터는 이를 비교하는 광고를 2쪽으로 내보냈다. 델컴퓨터는 문제가 발생하면 곧바로 "내일 댁으로 찾아가서 고쳐드리죠"하고 대답했고 이를 실천했다. 다른 회사들과는 차별화된 서비스였다.

직접 판매의 중요함을 확인

델컴퓨터는 시장에서 고객들을 세분화하였다. 고객들을 대기업, 중소기업, 교육기관과 정부조직, 소규모 사업체와 일반소비자 등으로 세분하여 대응하였다. 세분화된 고객층별로 수익률을 평가하고 잠재력을 최대한 이끌어 내고자 했다.

이 회사는 소매시장에서 철수하기로 결정하였고 다이렉트 판매 즉 직접 판매에 전념하는 것이 중요함을 확인했다. 다이렉트 판매는 구모델을 처분하거나 목표달성을 위한 '유통망 채우기'와 같은 낭비가 없었다. 또한 재고도 최소화하고 고객들에게 혜택을 주었고 델컴퓨터의 경쟁력을 높여 주었다. 재고가 적으면 위험한 상황이 오기 전에 시장에서 빠져 나올 수 있다. 1993년 델컴퓨터의 매출은 29억불이고 재고는 2억3천만 불이었는데, 4년 후 매출은 123억불로 성장했지만 재고는 여전히 2억3천만 불이었다. 이 회사는 보통 8일치 이하의 재고분을 유지하고 재고량을 하루 단위가 아니라 시간 단위로 측정한다. 재고관리도 다른 컴퓨터 회사들과 현격하게 구별되었다.

온라인 판매를 시도

1994년에 델컴퓨터는 인터넷 사이트 www.dell.com을 개설했고 온라인 판매를 시도하였다. 이 회사의 고객은 자신이 주문한 제품이 제조라인으로 옮겨갈 때의 상태를 수시로 점검할 수 있다. 이 회사는 온라인 주문절차를 단순화하고 고객교육을 진행하였다. 온갖 제품들을 사원들이 설명할 수는 없지만 인터넷을 통해서는 설명해 줄 수 있었다. 전통적인 마케팅에서 조정과 개선은 한두 달 마다 있게 되지만 인터넷에서는 즉시로 이루어질 수 있다. 현재 델컴퓨터는 엄청난 매출이 매일 인터넷으로 이루어지고 있다. 부품 공급업자들과의 긴밀한 관계유지에 집중하여 재고관리의 단계를 줄이고 시장접근 비용과 시간을 줄일 수 있었다. 델컴퓨터는 경쟁사와는 달리 제품설계에 고객들을 참여시켰다. 이는 차별화의 중요한 하나였다.

위협은 자기 자신으로부터

“한 기업의 가장 큰 위협은 경쟁자가 아니라 자기 자신으로부터 오는 것이다.”라고 최고경영자 마이클 델은 말했다. 그는 “직원이 전화를 불친절하게 받거나 고객들을 오래 기다리도록 한다면 이미 일은 끝난 것이다.”라고 말한다. 마이클 델은 “1년 365일, 하루 24시간 경쟁력 있는 상태를 유지해야 하며 그렇지 못할 경우 사업을 포기해야 한다.”라고 말했다. 이 회사 직원들은 차별화된 서비스를 고객들에게 제공하는 점에서 긴박감을 가져야 한다는 것을 안다.

열쇠는 고객과의 대화

시장에서 이 회사가 경쟁사와 가장 차별화시킨 것은 고객과의 직접적인 연결고리였다. 이것의 열쇠는 고객과의 대화인 것이다. 델컴퓨터는 제품구성과 배달과정을 빠르게 해 시간을 절약했다. 델컴퓨터는 경쟁자들과의 가격경쟁에서 이겼다. 사실, 고객들의 의사결정과정에서 가격이 미치는 영향은 1/3이며, 나머지 2/3는 서비스와 지원체계의 수준이라고 한다. 시장에서 성공의 열쇠는 학습하는 속도와 좋은 아이디어를 빨리 실행하는 것이다.

경쟁사와 다른 점은 피드백에 대한 이 회사의 반응이다. 델컴퓨터의 생산직원들은 판매사원들과 고객을 방문하기도 한다. 고객들은 자기들이 주문한 컴퓨터가 공정의 어디쯤에 있는지 확인할 수 있다. 이 회사 최고경영진들도 고객들과의 만남에 참여하여 직접 의견을 듣는다. 이 회사가 제품의 성능도 중요하지만 안정성, 일관성을 중시하는 것도 고객들의 의견을 듣고 파악한 것이다.

고객은 기다리지 않는다

경쟁사들은 고객들이 문제점을 제기하면 "제안을 진지하게 고려하여 시정이 가능해지도록 애써보겠습니다."라고 대답하고는 1-2년이나 걸려서 시정한다. 델컴퓨터는 이런 제안에 즉시 반응하여 빠른 시간 안에 적응한다. 또한, 이 회사는 컴퓨터를 설치하는 시간을 절약하고 고객 비용을 절감하여 고객만족도를 높인다. 제품에 접착제를 사용하지 않아 환경보전과 재활용의 모범이 되고 있다.

델컴퓨터는 고객의 전화가 오면 당일이나 다음날 그들을 방문하여 문제를 해결해 준다. 시장에서 성장의 열쇠는 위대한 아이디어나 특허에 있는 것이 아니라 전략의 실행 여부에 달려있는 것이다. 이 회사는 학습의 속도를 더 빠른 속도로 진행시켰다. 델 컴퓨터가 여러 면에서 다른 회사와 차별화되었기에 고객들은 이 회사를 선택하고 있다는 사실이다.

MK택시회사의 차별화 사례

재일동포 유봉식은 수십 년 전인 1960년, 일본 교또에 택시회사를 설립하였고 이 회사의 회장이다. 이 회사의 이름은 MK택시회사인데 일본에서 가장 경쟁력이 있는 택시회사가 되었다. 유봉식 회장은 우선, 운전사들에게 매일 정신교육을 시켰다. 당시 일본사회에서 가장 낙후되고 열악한 직업의 하나로 대우받고 있는 운전사라는 직업인들에게 유봉식 회장은 새로운 희망을 주었다. 운전사들의 생활환경을 개선하기로 하였고 사옥아파트를 짓기로 한 것이다. 이 회사가 펼쳤던 '1사원 1주택 갖기'가 바로 그것이었다. 결국에는 주택단지에서 46채의 주택을 일괄 구입하게 되었다.

설비 투자보다 인간에의 투자를 먼저

유 회장은 기존의 택시회사와 차별화를 추구하였다. 우선, '자택발차'제도를 도입하였다. 이 제도는 회사의 택시를 운전사 자택에 주차하도록 하고 영업시작을 자택에서 한 것이다. 그렇게 하니, 운전사들이 회사에 출퇴근에 소요되는 시간이 절약되었고 결근감소효과가 있다. 이 회사는 개근 무사고 수당을 신설하였다. 그리고, 택시업계 최초로 퇴직금제도를 도입하는 결단을 내렸다. 유봉식 회장은 "기계나 설비에의 투자보다 인간에 대한 투자를 먼저 하는 것이 결국 회사를 가장 잘 경영하는 것이다."라고 말한다.

유 회장은 "나는 사원들이 돈만 많이 벌게 해주면 된다고 생각했는데 공부가 필요하다는 것을 처음으로 깨달았다. 교육이 필요했던 것이다. 경영자가 공부를 하지 않고 사원들에게도 공부를 시키지 않기 때문에 무시를 당하는 것이다"고 말하고 있다. 이 회사의 급여제도인 'MK시스템'은 매출이익 중에서 83%를 운전기사에게 배분하고 나머지 17%만 회사에 입금시키는 제도이다. 이 제도를 실시해보니 운전사 월급이 일반기업체 부장과 맞먹는 높은 수준이 되었다. 이처럼 높은 급여를 주면서도 모든 경비를 최대한 절약한 결과 적자운영을 면할 수 있었다. 운전사들이 급정차와 급출발을 자제하여 타이어 교체 주기가 주행 4만 킬로에서 6만 킬로가 되는 등 경비가 절약되었다.

차별화 이미지의 시작

MK택시회사의 '감사합니다'운동은 임직원 사이에 그리고 손님에게 반드시 '감사합니다' 인사를 하는 운동이었다. 이 회사는 전직원을 적십자 구급원 자격을 따도록 했는데 1년 만에 성취했다고 한다. 교또 시내에서 고객들이 응급처치를 받을 수 있는 유일한 택시는 MK택시라는 차별화 이미지를 심었다. MK택시회사는 회장을 비롯해 모든 관리직원이 운전사 결원 시에 직접 택시를 몰고 손님을 모신다고 한다.

MK택시회사의 운전사는 네 가지 인사를 하지 않으면 요금을 받지 않는다. 그 네 가지 인사는 "첫째, 감사합니다 둘째, 엠케이의 운전사 아무개입니다. 어디까지 가십니까? 셋째, 어디까지 MK의 운전사 아무개가 모시겠습니다 넷째, 감사합니다. 잊으신 물건은 없으십니까?"이다. 이 간단한 인사 네 가지를 제대로 하는 데에는 10년의 교육과 훈련이 걸렸다는 것이다. MK택시회사는 첫째도 둘째도 셋째도 서비스를 최고로 여긴다. 다른 택시회사와 두드러진 차별화가 이루어졌다.

이 회사는 절대로 승차거부가 없다. 비가 오는 날이면 준비한 우산을 받쳐 들고 손님이 들어가는 건물까지 씌워준다. 관광객은 숙박체크인도 도와준다. 고객 중에 술 취한 호스테스에게는 집 현관에 들어설 때까지 봉사한다. 이 회사는 신체장애자를 우선하여 승차시킨다.

추가되는 수익

MK택시 카드회원은 요금을 후불로 결제한다. 이 회원들이 이용하는 택시 요금액의 3%를 회원들에게 배당금으로 돌려주는데 이는 단골고객을 지속적으로 확보하는 중요한 제도가 되었다. MK택시 카드회원들에게 배달서비스를 실시하여 회원들에게 부가적인 혜택을 제공하고 있다. 택시에 통신판매 회사의 상품 카탈록을 준비해

놓고 고객들이 상품을 살펴볼 수 있도록 하고 있다. 고객이 주문서에 기입하여 운전사에게 주면 상품이 배달된다. 이 거래의 수익 중 60%는 운전사, 40%는 회사가 갖는다고 한다. 통신판매 비즈니스인데 무점포, 무재고, 무비용 판매영업이다. MK택시회사는 교또 일원의 교통을 장악하고 있는 셈이므로 상품의 배송, 반품, 기타 여러 서비스를 매우 효율적으로 수행할 수 있는 유리한 위치에 있다.

확실히 다른 회사들과 차별화되는 강점이 효력을 발휘하였던 것이다. 이러한 모든 부가적인 경쟁력은 끊임없이 임직원들을 교육하고 자기규율을 실천하는 데에서 나오는 것이다. 부가적인 비즈니스에서 발생하는 수입이 월급보다도 많은 경우도 종종 있다고 한다.

철저한 교육

이 회사에 입사하면 퇴사할 때까지 철저한 교육에 반드시 참가해야 한다. 이 회사의 교육은 다른 회사들과의 차별화된 상징이 되었다. 이 회사에는 MK 10계명이 있다. 그 10계명은 "1. 네 가지 인사를 철저히 한다. 2. 운전사는 사전에 코스를 정확히 확인한다. 3. 영업 중에는 제복과 제모를 단정히 착용한다. 4. 평소에 세차와 미화를 철저히 하여 깨끗한 상태를 유지한다. 5. 고객으로부터 받은 금액을 확인한다. 6. 근무의 교대시간을 엄수한다. 7. 고객을 위한 거스름돈을 항상 준비한다. 8. 항상 연료보충을 충분히 한다. 9. 고객에게 철저한 도어 서비스를 실천한다. 10. 모든 운전사는 전원업무회의에 월2회 참석한다."이다.

이 회사에서 범하면 안 되는 10계명이 따로 있는데 그것은 "1. 승차거부 2. 영업구역을 벗어나는 일 3. 트러블 4. 교통사고 5. 개인주의 행동 6. 승무 중 흡연 7. 말조심 8. 출고후의 휴식 9. 폭력행위 10. 운임의 과잉징수와 할인"이다.

차별화를 추구하는 것이 출발점

일본에서 좋은 서비스로 소비자들에게 좋은 이미지를 심어준 회사를 뽑는 '엘레강스 컴퍼니'에 MK 택시회사가 선정되었다. 엘레강스 컴퍼니에 선정된 회사는 미쓰비시상사, 일본전기, 혼다, 후지필름 등 유명 회사들이었다. 그런데, 지방의 3D 업종의 MK택시회사가 선정된 것은 경이적인 사건이 되었다. MK택시회사는 일본 제일의 택시회사가 되었다. 이 회사가 다른 택시회사들과 차별화를 확실히 이룬 결과, 그 명성이 높아졌다. 여러 해 전, 러시아의 고르바쵸프가 국가원수로서 일본을 방문했을 때 MK택시의 리무진을 이용하였다고 하니 그 명성은 공인받았다고 할 수 있다.

1960년에 겨우 10대의 택시로 출발한 회사가 일본 최고의 회사로 성장하였고 임직원의 숫자만도 2천여 명에 이르고 있었다. 이러한 MK 택시회사의 성공은 차별화를 추구하는 사고방식에서 출발점이 있었다는 점이다. 또한 임직원을 끊임없이 교육하고 학습하는 분위기를 실행하고 있기 때문이다.

교환거래의 차별화 효과

차별화는 제품이나 서비스뿐만 아니라 마케팅의 각 단계마다 가능하다. 소설가 찰스 디킨스는 그의 첫 작품을 돈을 받고 팔지 않고 구슬이 든 자루와 바꾸었다고 한다. 미국의 어느 라디오 방송국 사장은 직원 월급을 주지 못할 정도로 광고 수입이 없었다. 방송국 사장은 지역 업체에 광고를 해주는 대신 그 업체의 물건을 대가로 받는 제안을 하였다. 광고의 대가로 받은 물건을 청취자들에게 경매 상품으로 내놓았다. 경매물건은 잘 팔렸고 몇 달 만에 방송국은 정상 운영을 할 만한 수입이 확보될 수 있었다. 이 방송국이 교환거래에 착안하지 않고 현금으로 광고를 파는 데에만 진력하였다면 아마 제대로 된 광고방송을 내보내기도 전에 파산을 맞았을지 모른다.

차별화된 사고에서 나온 방식

교환거래는 현금으로 하는 판매와 비교할 때 현격하게 부담 없는 제안이며 차별화된 거래이다. 심리적으로 상대방이 수용하기가 매우 쉽다. 어느 주유소 사장은 회사에 필요한 소파를 구입하려고 할 때 소파제조업체 사장에게 필요한 유류를 대가로 필요한 소파를 구입할 수 있었다. 실제로 주유소가 부담한 비용은 원가에 그치는 것이고 소파업체의 사장도 제공한 소파의 원가는 가격에 비해 적었다. 교환거래를 통해서 서로 이익을 본 것이다.

어느 자동차 판매상은 방송국을 찾아가 광고비 상당의 자동차를 제공하는 대가로 비싼 광고를 할 수 있었다. 방송국에서 필요한 자동차와 자동차 판매상이 필요한 광고권이 서로 이익을 가져와 교환거래가 형성될 수 있었다. 교환거래의 장점은 제품 원가는 소비자 가격의 일부에 지나지 않으므로 싼 대가를 지불하고 필요한 것을 얻을 수 있다는 점이며, 현금거래로서는 형성되지 않는 거래를 만들 수 있다는 점이다. 이는 보통의 거래와 차별화된 사고에서 나온 방식이다.

삼각거래를 통해 교환이익을

교환거래에서 일 대 일의 거래를 하지 않고 삼각거래를 통해 교환이익을 얻을 수도 있다. 마케팅 전문가인 제이 에이브러햄은 사례를 소개한다. 수년 전 미국의 자동차회사인 크라이슬러는 1대에 1만 불짜리 192대의 차량을 스페인 텔레비전 네트워크의 광고권과 맞바꾸었다. 자동차를 받은 일곱 개 방송사는 소비자 가격에서

30% 할인된 가격으로 직원들에게 되팔았고 직원들의 반응은 매우 좋았다. 그들 방송사들은 좀체 팔리지 않는 광고권을 판매한 대가로 133만 불을 번 셈이다.

어느 여행 잡지사는 잡지광고권과 항공권을 물물교환을 통해 거래해 서로 이익을 보았다. 그들은 받은 항공권을 20% 할인하여 시장에 되팔았고 결국 광고에 들어가는 적은 비용으로 1만2천불의 수입을 올렸다. 물물교환 방식을 이용하면 차별화된 장점을 가지게 되고 구매력을 증대시키고 자금의 큰 원천이 될 수 있다. 이러한 교환거래를 응용하면 시장의 크기가 기존의 방법에 의한 것보다 훨씬 넓어질 수 있다. 교환거래에 제공하는 가치 있는 것을 마련하는 것이 가장 큰 과제이다. 그렇기 때문에 차별화할 능력이 있는 자만이 가능한 것이다. 교환거래는 현금거래에 비할 때 복잡해 보이는데, 그렇기 때문에 아무나 할 수 없는 것이다. 차별화를 추구하는 마케터라면 이를 유념해야 한다.

제4장

상품이 아니라 가치

상품이 아니라 그 배후의 가치

세일즈 전문가인 딕 캐나다는 "제품의 특징과 장점을 선전하기보다 고객의 문제를 해결해 줄 수 있는지를 중요시해야 한다. 고객의 욕구가 우선되어야 한다."라고 말한다. 고객은 상품 자체를 구입하는 것이 아니라 상품의 편리성, 문제를 해결하는 가치를 구입하는 것이라고 할 수 있다. 그러므로, 비즈니스맨은 고객이 문제의 심각성을 인식하고 해결의 필요성을 깨닫게 만들어야 한다. 고객은 상품이 아니라 그 가치를 구입한다는 사실이다.

딕 캐나다는 "성공적인 세일즈맨들은 '세일즈 방문에서 잘한 것과 잘못된 것을 분석했다.'는 공통점이 있었다."고 말한다. 최고의 세일즈맨 중에 훈련과 계발 없이 성공한 사람은 거의 없다. 비즈니스맨은 제공하는 제품이나 서비스의 가치를 높일 수 있는 방법을 찾아야 한다. 이를 위해서 뛰어난 사업적 재능이 필요한데, 자신 스스로 가치를 창출해야 한다. 성공적인 비즈니스맨은 자신만의 비즈니스 기법을 부단히 연마하는 사람이라는 점이다. 비즈니스맨은 경쟁자가 충족시키지 못하는 것을 충족시켜 줄 수 있는 능력이 자신에게 있다는 것을 과시할 필요가 있다. 마케팅은 고객이 원하는 것이 상품이 아니라 그 배후의 가치라는 사실을 인식하는 데서 출발한다.

상품보다 꿈을 팔아라!

구보야마 데쓰오는 1971년 게이오대학을 졸업하고 미국 코넬 대학교 호텔경영학부를 졸업했다. 그는 도쿄 베이 힐튼 등 여러 호텔에서 다양한 업무를 경험했고 현재 '주식회사 더 윈저 호텔스 인터내셔널'의 대표이사로 있다. 그가 경영하는 호텔이 적자를 벗고 흑자 행진을 계속하는 데에는 구보야마의 서비스 철학이 큰 역할을 했다는 사실이다. 구보야마는 " '상품보다 꿈을 팔아라!' 나는 이것이 서비스업의 참모습이라고 생각한다."라고 말한다.

그는 "고객을 만족시키기 위해 중요한 것은 '까치발의 균형'이다."라고 말한다. 이는 가장 만족감을 맛볼 수 있는 균형점을 말한다. 그에게 있어 자부심을 갖는 서비스는 부가가치가 큰 서비스를 의미한다. 고객을 떠받쳐 주는 것이 최상의 서비스라는 것이다. 구보야마는 "제대로 된 서비스를 하기 위해서는 마음, 기술, 체력이 필요하다."라고 말한다. 기술 습득만으로 일류 서비스 직원이 되는 것이 아니라는 것이다. 서비스 철학이 있어야 하고, 고객에게 맞춤 서비스로 자신을 표현하는 것이 중요하다고 한다. 요컨대, 고객에게 철학이 바탕이 된 서비스, 가치가 있는 서비스를 제공해야 한다는 것이다.

최고의 상품은 나 자신

마츠다 아야코는 고베 여학원대학을 졸업하고 여러 경력을 쌓은 후, 2001년 식료품 판매활동에 종사하기 시작하여 뛰어난 판매능력을 발휘하였다. 현재 컨설팅 회사의 컨설턴트로 활동하고 있다. 마츠다는 "당신에게 최고의 상품은 무엇인가? 나라면 나 자신을 팔겠다는 것이다. 나는 '상품 자체를 판매하려 해서는 안 된다'는 진리를 깨달았다. 상품을 파는 것이 아니라 그 상품에 부가가치를 부여해 팔아야 한다."라고 말한다.

그녀에게 부가가치란 '즐거운 쇼핑을 한다는 체험 그 자체' 혹은 '감동을 안겨주는 퍼포먼스'라는 의미이다. 그녀에게는 '어떻게 사고 싶도록 분위기를 유도할 것인가?'가 매우 중요하였다. 마츠다는 "고객의 머리에 즐거운 인생의 한 장면이 떠오르도록 유도할 것, 자신의 파워를 높여 중요 인물로 돋보이도록 할 것이 열쇠이다."라고 말한다.

마케팅에서는 고객의 감정을 자극하고 호기심을 유발하는 것이 중요하다. 고객의 문제에 초점을 맞추어 비즈니스맨인 당신이 그 해결법을 알고 있음을 암시해야 한다. 고객을 설득하는 것은 매우 힘든 일이다. 그러므로, 에너지 측면에서 비즈니스맨은 고객보다 압도적으로 우위에 서야 한다. 열정이 가득하지 않으면 이것이 어렵다. 마츠다는 "물건이 아닌 서비스를, 당신 자신이라는 부가가치를 팔아야 한다."라고 강조하고 있다. 그녀가 비즈니스에서 뛰어난 판매능력을 발휘하게 된 것은 상품이 아니라 가치를 팔았기 때문이다.

제품이 아니라 만족을 사는 것

밥 피퍼는 경영컨설팅회사인 카이저 어소시에이츠의 최고경영자이며 지난 20년간 비즈니스맨으로 활동해 왔다. 피퍼는 "중요한 것은 제품 자체가 아니라 제품에 대한 고객들의 인식이다. 고객들은 제품을 사는 것이 아니라 욕구에 대한 만족을 사는 것이다."라고 말한다. 고객의 욕구는 심리적이라는 것이다.

비즈니스맨은 고객에게 상품을 구입하면 대단히 만족스러울 것이라는 점을 전달해야 한다. 예를 들면, "저는 당신이 만족하시리라 확신합니다."라는 표현이 좋다. 비즈니스맨이 100%의 자신감을 전하게 되면, 고객은 상당히 안심한다.

결정적 요소는 무형적 요인

피퍼는 "고객의 욕구를 충족시킬 수 있는 세상에서 가장 뛰어난 회사라는 점을 확신시키자"라고 제안한다. 비즈니스맨이 자신의 회사와 상품에 대한 강력한 확신을 전달하는 것은 그 어떤 말보다 중요하다는 것이다. 비즈니스에서 결정적 요소는 판매과정에서 무엇이 어떻게 행해지는가 하는 무형적 요인이다. 바로 비즈니스맨 자신이 고객에게 가장 중요하다.

비즈니스에서 자신감은 자기 충족적 예언이다. 다시 말하면, 자신감을 보여주는 비즈니스맨의 상품은 가치가 있다는 인식을 심어준다는 것이다. 피퍼는 "제품을 잘 아는 사람이 아니라 어떻게 팔고, 이익을 내는지 아는 사람을 영업사원으로 고용해야 한다. 제품의 특성이 아닌 판매와 이익창출 기술 중심의 영업교육을 해야 한다."라고 말한다. 이는 비즈니스에서 상품 자체보다 가치를 전달하는 것이 더 중요하기 때문이다.

고객지향을 최고의 가치로

지금은 고인이 된 월마트의 회장 샘 월튼은 1987년 주식시장이 폭락해 5억 불쯤 손해를 보았을 때 기자가 그 느낌을 물어보자, "그것은 다만 종이조각일 뿐이오"라고 말했다. 1985년 '포브스'지는 그를 미국에서 최고 부자라고 말했는데 약 250억 불의 재산이었다. 많은 사람들이 픽업트럭을 몰고 다니는 그에게 "왜 고급자동차를 몰고 다니지 않느냐?"는 질문을 했을 때, 월튼은 "나의 개들을 롤스로이스에 태우고 다녀야 하는가?"라고 대답했다고 한다.

미국에서 K마트의 해리 커닝햄은 최초의 할인점을 설립했다. K마트는 250개의 상점을 보유했고 월마트는 19개 상점이었다. 월마트 매출은 9백만 불이었는데 K마트는 거의 90배나 되는 8억 불이 넘었다. 샘 월튼은 "그로부터 30년 내에 초기의 모든 할인판매점들의 대부분이 망하고 3개의 체인만이 크게 성장했다는 것은 예측할 수 없었다."고 말했다. 월마트 성공에 있어서 가장 중요하고 단순한 핵심은 고객지향을 최고의 가치로 삼았다는 점이다. 월마트는 1970년 10월1일 상장회사가 되었다. 이 회사의 시장가격은 약 1억 3천5백만 불이었는데 1990년대 초에 500억 불이 넘는 성장을 이루어냈다. 샘 월튼이 걱정하는 것은 주가가 아니라 고객을 돌보는 데 실패할지 모른다는 점, 동료들을 격려하고 돌보는 데 실패할지도 모른다는 점이었다. 샘 월튼은 거의 모든 시간을 월마트 상점에 나가서 보냈고 이러한 그의 행동은 모든 임직원들에게 지속적으로 긴장하고 고객에게 신경을 쓰도록 하는 결과를 가져왔다.

필요한 도전은 '섬기는 책임자'가 되는 것

샘 월튼은 "만족한 고객, 성실한 고객, 다시 오는 고객이 월마트의 성공의 핵심이고 우리 동료들이 그들에게 더 친절한 대우를 해주기 때문이다"라고 말했다. 월마트에서, 책임자들에게 필요한 진정한 도전은, 소위 '섬기는 책임자'가 되는 것이다. 그것은 매우 가치있는 것임을 증명하였다. 월튼은 월마트를 재미있는 기업으로 만들고자 노력했다. 그것은 고객을 즐겁게 해주었고 동료들 또한 즐겁게 해주었다. 그는 길거리 세일을 거대하게 열었고, 밴드를 불렀으며 소규모의 서커스를 열기도 했다. 연례총회에서 총회가 끝나면 참석한 모든 동료들 약 2500명을 샘 월튼 자신의 집으로 초청하여 대규모 야외 연회를 열었다. 샘 월튼은 월마트의 책임자들을 아칸소 대학교에서 교육의 기회를 얻을 수 있게 했다. 월마트는 마음을 고객에게 집중하고 봉사하는 일에 최우선 가치를 두었다.

"소매업에 있어서 성공의 열쇠는 고객에게 그들이 원하는 것을 주는 것이다"고 샘 월튼은 말했다. 상점주인들로서 모든 고객들을 한 사람 한 사람 만나는 일을 제대로 해야 한다는 것이다. 고객들에게 얼마나 감사하고 있는지를 알게 하고 주인 스스로 금전등록기를 두드려야 한다는 것이다. 이러한 작은 개인적인 접촉은 독립 소매상에게 있어서 극히 중요한 것이다.

간단한 태도가 온 세상의 기술만큼 가치

중요한 사실은, 월마트가 커지면 커질수록 작게 생각하는 것이 더욱 필요한 일이라는 것이었다. 샘 월튼은 뉴포트라는 작은 지역에서 상점을 시작하였다. "뉴포트의 작은 상점에서와 마찬가지로 고객을 지켜보고 고객에게 인사를 하고 도움이 될 수 있겠는지 공손하게 묻는 일이 여전히 중요하다는 것을 잊는다면 우리는 폐업해야 한다. 나는 작게 생각하는 것이야말로 모든 사업에서 이익을 낳게 하는 접근방식이라고 생각한다."라고 월튼은 말했다.

샘 월튼은 간단한 태도가 온 세상의 기술만큼이나 가치가 있다는 것을 알았다. 월마트에서는 상점에 온 전화에 즉시 응대하도록 되어 있고 전화를 받은 그 날 일몰 전에 회답 전화를 하도록 되어 있다. 샘 월튼은 직원들에게 "여러분이 어떤 고객과 10피트 거리 안에 있게 될 때마다 그의 눈을 주시하며, 그에게 인사를 하고 그를 도울 수 있겠는지 물어보겠다고 약속해 주십시오."라고 말했다. 사람들이 월마트 경영진의 사무실이 트럭터미널 사무실 같다고 할 정도로 회사를 검소하게 운영하였다. 월마트의 위대한 저력은 그들이 추구하는 가치에 있는 것이지 상품이나 사무실이 아니었다는 사실이다.

가치에 초점을 맞추어야

짐 캐시카르트는 캐시카르트연구소 설립자이며 경영자와 세일즈맨들을 훈련하고 있다. 짐은 관계 세일즈가 중요함을 역설하고 있다. 관계 세일즈에서 진정한 마케팅의 힘이 나온다고 생각하기 때문이다. 관계 세일즈의 철학은 '구매하도록 설득하는 것이 아니라 이익이 되도록 그들을 연결시키는 것'이다. 최고의 비즈니스맨은 강한 확신이 있다. 관계 세일즈에서는 '산출하는 솔류션'과 '유지하고 있는 관계' 두 가지 요소가 기본적인 요소이다.

짐은 "당신은 설득자가 아니라 파트너가 되어야 한다. 가치에 초점을 맞추어야 한다."라고 말한다. 비즈니스에서 가장 설득력 있는 의사소통은 얼굴과 얼굴을 맞대는 의사소통이다. 관계 세일즈를 실행하는 사람에게 세일즈는 고객이 '예'라고 말할 때 시작된다. 그리고 고객의 궁극적 가치를 위해 봉사해야 한다는 것이 관계 세일즈의 기본 개념이다.

고객은 선택적으로 지각한다는 사실을 유념해야 한다. 그러므로, 많은 정보를 제공하는 것보다는 솔류션과 가치에 초점을 맞추는 것이 필요하다. 짐 캐시카르트는 "비즈니스맨은 매일 매일 더 가치 있는 존재가 되어 나아가야 한다."라고 말한다. 이는 비즈니스맨이 가치 있는 존재로 향상되어 나갈 때 제공하는 것도 가치가 있게 되기 때문이다. 가치 있는 비즈니스맨으로 향상된다는 것은 매일 매일 학습해야 함을 의미한다.

제5장

신뢰의 위력

사기꾼들이 갖는 이미지

동전 주조회사의 소유주인 노먼 로크는 "사기꾼들과 대화를 하면 사기꾼들은 1. 사기 행각에 대해 일부러 조언, 또는 농담을 한다. 2. 혼란을 느끼게 하는 힌트가 있다. 3. 지나치게 많은 '예'라는 답변을 이끌어내는 기술을 사용한다."고 사기꾼들의 패턴을 말했다. 시장에는 속임수를 밥 먹듯이 활용하는 사기꾼들이 많다는 사실이다. 신뢰는 사기꾼들이 갖는 이미지와는 정반대의 이미지를 형성한다. 아무리 능력이 뛰어난 비즈니스맨이라도 사기꾼의 의심을 받는 한 결코 성공하지 못한다. 그만큼 신뢰는 중요한 것이다.

저술가이며 커뮤니케이션의 대가로 인정받았던 데일 카네기는 "자기 신뢰는 성공의 첫 번째 비결이다. 뛰어난 화자의 기본 덕목은 무엇보다도 인격이다."라고 말했다. 잘 듣는 것이 성실과 예의로써 다지는 인격의 기초라면, 잘 말하는 것은 인간관계를 보다 긍정적이고 정겨운 관계로 이끌어갈 수 있는 커다란 무기라고 그는 말했다.

책임지는 정신이 신뢰를

경영학자 워런 베니스는 "자기관리야말로 최고경영인의 십계명 1호"라고 말한다. 자기관리를 철저히 실행하는 사람은 인격적 신뢰를 높일 수 있다. 극작가 버나드 쇼는 "자유는 책임을 의미한다. 이

것이 바로 대부분의 사람들이 자유를 두려워하는 이유이다."라고 말했다. 삶에서 신뢰와 책임은 밀접한 관계에 있다. 자신이 책임지는 정신이 없다면 결코 신뢰를 얻을 수 없다. 신뢰는 자기규율이 없이는 얻어질 수 없다. 그것은 모든 종류의 학습과 성장에 필수적이다. 비즈니스맨은 매일 매일 연습해야 하며 자신이 향상되고 있음을 보여줄 필요가 있다. 이는 고객과의 신뢰에 매우 긍정적인 영향을 미친다.

토드 던컨은 미국 애틀란타에 있는 던컨그룹의 창립자이며 최고경영자이다. 지난 23년 동안 비즈니스 전문가로 활동했다. 던컨은 "세일즈 비즈니스를 위해서는 첫째, 정확한 고객과 신뢰를 구축하는 것. 둘째, 기존 고객에게 가치를 부가하는 것만 기억해두면 된다. 이 두 가지가 가장 중요한 것이다."라고 말한다.

준비되어 있지 않으면 절대 나서지 말아야

던컨은 "세일즈는 신뢰를 바탕으로 이루어진다. 신뢰할 수 있는 사람은 약속을 지키기 위해 최선을 다하며 이는 매우 중요하다."라고 말한다. 그는 "나는 지난 12년 동안 800권 이상의 책을 읽었으며 이는 나의 성공에 큰 도움이 되었다. 끊임없이 자신을 향상시켜야 한다."라고 말한다. 토드 던컨이 자신의 가치를 높이고 고객의 신뢰를 얻기 위해서 한 것이 무엇인지 알 수 있다. 신뢰를 얻으려면 물건을 팔기 전에 상대의 말을 잘 들어야 한다. 더 많은 질문을 할수록, 고객의 생각을 더 많이 알게 된다. 비즈니스맨은 고객의 요구사항을 파악하고 가장 적합한 솔류션을 제시할 수 있어야 한다. 고객은 신뢰할 수 있는 비즈니스맨과 거래하려 한다는 점이다.

정직성은 비즈니스에서 매우 중요하다. 고객의 부정적 반응은 대부분 비즈니스맨의 잘못 때문이라는 것이다. 토드 던컨은 "모든 세일즈는 신뢰의 결과이다. 일관되고 진실된 서비스가 뒷받침되어야 한다."라고 말한다. 고객에게 지속적인 가치 부가 서비스를 제공하는 것이 지속적인 관계의 바탕이다. 토드 던컨은 "준비되어 있지 않으면 절대 문을 열고 나서지 말아야 한다. 결국 고객의 삶과 자신의 삶을 한 단계 높이는 비즈니스여야 한다."라고 강조하고 있다. '준비되어 있지 않으면 나서지 말라'는 비즈니스맨의 엄격함에서 신뢰가 나올 수 있다는 것을 명심해야 한다.

가치의 부가는 신뢰의 유일한 길

비즈니스에서 고객에 대한 가치 부가는 매우 중요하다. 주기적으로 고객에게 가치를 부가하면 비즈니스의 안정성이 높아진다. 가치의 부가는 장기적인 충성도와 신뢰를 확보하는 유일한 길이다. 이는 좋은 고객 서비스를 통해 얻어질 수 있는 것이다. 인간의 모든 행동의 핵심에 동기가 행동을 이끈다. 동기부여는 외부로부터 주어지는 것이 아니라 내부에서 시작되어야 한다. 비즈니스맨이 열정을 유지할 수 있는 유일한 방법은 정신적 자극을 끊임없이 받는 것이다. 여기에는 진정한 자기성찰이 필요하다. 이러한 자기성찰과 열정은 시장의 신뢰를 얻는데 중요한 역할을 한다는 사실이다. 비즈니스맨은 자신의 일이 많은 사람들의 인생에 가치를 부가해준다는 사실을 깨닫는 것이 중요하다.

비즈니스 방법을 배우고 이 노력을 반복하는 것은 비즈니스를 지속하기 위하여 필수적인 과정이다. 이는 자기 능력 향상에도 큰 영향을 미친다. 비즈니스맨으로서 자신들이 파는 상품을 믿지 않고, 자신의 능력을 믿지 않는 사람은 성공하기 어렵다. 정직함과 전문가 정신, 상호 존경으로 맺는 관계가 매우 중요하다.

고객에게 이익을 주는 능력

던컨은 "우리는 제품만이 아니라 우리 자신도 파는 것이다. 고객의 필요와 욕구에 공감할 수 있으려면 끊임없이 스스로를 향상시켜야 한다. 이것이 핵심이다."라고 말한다. 이는 끊임없이 자신을 교육시키고 가치를 향상시켜야 한다는 것을 의미한다. 고객의 신뢰를 획득하는 것은 단순히 정직한 것만이 아니다. 비즈니스맨인 당신이 고객에게 이익을 주는 능력이 있음을 확신시켜 주어야 신뢰를 얻을 수 있다.

신뢰를 얻는 데에는 비즈니스맨의 행동도 영향을 미친다. 고객의 말을 경청하는 것이 매우 중요하다. 고객의 필요를 확인하는 일은 고객이 비즈니스맨이 제공하는 것을 수용하게 만드는 절대적인 열쇠다. 이는 비즈니스맨의 자기주장이 아니라 고객의 문제를 듣는 것이다. 비즈니스에서 올바른 질문은 매우 중요하다. 고객이 말하는 것을 재확인하고 그들의 필요와 가치를 이해해야 한다. 비즈니스에서 핵심적인 것은 제품과 돈을 교환하는 것 이상의 의미를 지닌, 사람간의 공유된 활동이라는 사실이다. 존경하는 사람을 통한 추천 전화는 고객의 신뢰를 얻는 데 큰 도움이 된다.

연락이 어려운 비즈니스맨은 치명적

토니 크램은 애쉬리지 경영대학원 프로그램 디렉터이며 기업고객들을 위한 세미나를 개최하고 있다. 크램은 "고객이 기대하는 것은 첫째, 믿을 수 있는 품질이다. 모든 약속은 반드시 지켜야 한다. 둘째, 상호간의 신뢰가 필요하다."라고 말한다. 비즈니스맨은 고객의 선택에 대해 인정을 해주어야 한다. 비즈니스에서 열려 있는 대화창구가 중요하다. 고객이 비즈니스맨에게 언제라도 전화 통화가 가능하다는 것은 신뢰에 매우 중요하다. 걸핏하면 휴대폰 번호가 변경되어 통화가 어렵다면 비즈니스에서 치명적인 결과로 이어진다. 연락이 어려운 비즈니스맨과 관계를 맺고자 하는 고객은 없을 것이다. 또한 비즈니스맨은 전문가로서 고객의 조언자 역할을 수행할 수 있을 때 신뢰를 더할 수 있다.

마크 조이너는 이솝마케팅주식회사의 전직 최고경영자이며 인터넷 마케팅의 권위자이다. 조이너는 "모든 비즈니스는 단 하나의 단어로 귀결될 수 있다. 바로 제안이다. 즉 제안을 해야 한다. 고객이 신뢰를 하는 경우에만 제안이 제대로 통하는 법이다."라고 말한다. 비즈니스에서 신뢰성은 여러 증명으로 이루어진다. 신뢰를 주는 증명의 하나는 사회적 증명인데 이는 고객의 경험이나 신뢰할 수 있는 증거를 말한다. 신뢰의 증명의 다른 하나는 기술적 증명이다. 이는 제품의 효율성을 과학적으로 증명해주는 증거이다. 사실에 근거한 증명은 제품의 가치나 인기 등이다.

신뢰성은 여러 증명으로

신뢰성은 신용을 기반으로 한다. 사람들이 추천하는 제품은 신뢰가 높아진다. 사회적 신분이 높은 사람들이 인정할 때 신뢰성은 더욱 높아진다. 능력과 경력, 자질을 인정해주는 자격증 등이 신뢰도를 높여줄 수 있다. 대회에서 수상한 경력도 신뢰에 도움이 된다. 논리적 사고의 힘도 신용을 높여줄 수 있는데, 저가의 생산비에 대해 납득할 만한 설명이 있는 경우에 효과를 발휘할 수 있다.

마크 조이너는 "비즈니스맨은 자신을 판매해야 한다. 당신이 아닌 다른 무엇이 되려고 시간을 낭비하지 말라. 거절할 수 없는 제안을 하기 위해서는 신뢰를 주어야 한다."라고 주장한다. 비즈니스맨이라면 먼저 제품은 자기 자신이라는 점을 명심해야 하며 먼저 자신을 팔아야 한다는 것이다. 비즈니스맨은 물건을 팔기에 앞서 정직한 마음과 고객에 대한 존경심을 가져야 한다. 비즈니스맨 스스로 이 제품이 고객에게 도움이 되는지 확신해야 한다. "만족하지 않으면 이유를 불문하고 영수증 없이 환불해 드립니다." 이는 노드스트롬 백화점의 제안이다. 이 제안은 노드스트롬이 다른 백화점과 차별화시키고 신뢰성을 확보하는 데 성공했다.

장기적인 마케팅에 중요한 것

미국의 쥬런연구소는, 조사에서 고객들이 가격 때문에 브랜드를 바꾸었다고 응답한 경우는 10%를 넘지 않는다고 한다. 자동차 판매왕 조 지라드는 세계에서 가장 뛰어난 자동차 판매원으로 12번 기네스북에 올랐다. 그는 "판매를 통해 이루어진 만남을 지속적인 관계로 발전시키지 못하면 결국 그 만남은 무의미해질 수밖에 없다"는 깨달음을 얻었다고 한다. 이는 고객과의 신뢰를 두텁게 하는 것이 장기적인 마케팅에 중요함을 보여준 사례이다.

스테이트팜 보험회사의 신뢰성

미국의 스테이트팜 보험회사는 미국 전체 가정의 20%이상을 고객으로 확보하였고, 고객 서비스에 초점을 맞춘다. 이 회사는 부채없이 내부의 잉여현금으로 자본이 200억불이상으로 성장했다. 이 회사와 고객들이 거래를 지속하는 기간은 경쟁사들의 2배 이상이며 업계평균보다 40%나 높은 생산성을 달성한다. 이 회사의 고객 충성률은 업계의 최고 수준인 연 95%를 넘는다.

'포춘'지는 이 회사를 금융서비스업계의 최고 성공기업으로 선정했다. 이 회사는 고객의 장기성과 대리점에 대한 헌신이 성공열쇠라고 한다. 미국에서 태풍 앤드류가 휩쓸고 간 후인 1992년, 1993년에 대규모 보험금 청구를 접수한 많은 보험사들은 계약갱신을 거부했다. 하지만 이 회사는 다른 정책을 폈다. 이 회사는 고객들의 주택 수선에 필요한 보험금 이상을 지급했고 고객들의 안전을 보장하는 보험계약을 계속하였다. 결국 이것이 장기적으로 더 큰 이익을 가져왔다는 것이다. 고객의 신뢰를 획득하였던 것이다.

더욱 충성스런 비즈니스맨

이 회사의 고객은 3년이 지나고 사고가 없으면 10%의 할인을 받는다. 3년 후에는 5%의 할인을 더 받는다. 보험업계에서 보통 신규

보험판매인의 20-40%만이 4년 간 한 회사에 머문다고 한다. 기업 경영에서 높은 직원 이직률은 '실패의 순환'이다. 스테이트팜사에서는 4년 이상 머무는 판매인이 80%가 넘는다. 이 회사에서는 채용을 신중하게 한다. 이 회사에서 향후에는 판매인이 되기 전에 일반 직원으로서 2-3년 일해야 할 것이라고 한다. 그래야, 더욱 충성스런 판매인이 될 것이라는 것이다.

다른 회사들은 판매인 이외에도 텔레마케팅, 다이렉트 메일, 은행 지점을 통한 마케팅 등 다양한 형태의 유통 채널을 시도했지만 스테이트팜사는 오로지 대리점-파트너에게만 충실했다. 이 회사는 판매인이 요구하지 않는 한 절대로 대리점 고객에게 우편물을 보내지 않는다. 이 회사는 고객에게 영향을 미치는 모든 의사결정에 판매인을 참여시킨다. 스테이트팜사의 판매인이 회사와 관계를 지속한 기간은 평균 15-20년으로 업계 평균 6-9년과 분명하게 비교된다. 스테이트팜사의 높은 신뢰성은 높은 고객 충성도 및 직원 충성도를 확보하는 결과를 만들었다.

레오 버넷 광고대행사

레오 버넷 광고대행사는 전세계 63개 지사를 가지고 6억불의 이익을 올리며 보수는 업계 최고이며 업계 최고의 현금흐름을 갖고 있다. 이 회사는 매년 수익의 98%가 재거래 고객에게서 나온다고 한다. 이는 이 회사가 고객에게 우수한 가치를 제공하고 신뢰성이 높은 경영을 하기 때문이다.

이 회사의 설립자인 버넷은 퇴직할 때 "이 회사의 임직원들이 시장에서 돈은 버는 데 더 많은 시간을 보내고 광고 제작에 적은 시간을 보내는 날이 올 때 자신의 이름을 회사 명패에서 떼라고 요구할 것"이라고 연설했다. 이는 돈을 버는 것보다 고객의 신뢰를 획득하는 것이 더 중요하기 때문이다. 레오 버넷사는 일관되게 고객의 이익을 최우선에 놓았다. 이 회사의 역사에서 감원한 사례는 거의 없으며 경영진과 직원들간의 신뢰도가 매우 높다는 사실이다.

노스웨스턴 뮤추얼

미국에서 보험회사 중 가장 비용이 낮은 회사가 노스웨스턴 뮤추얼이었는데 이 회사는 감원을 하지 않았다는 점이 두드러진다. 노스웨스턴 뮤추얼은 생산성이 최고이며 고객유지율도 가장 높다. 고객유지율이 높으면 심사, 파일작성 등과 같은 신규 고객유치와 관련된 업무에 소수의 직원만 있으면 되기 때문에 높은 생산성을 갖게 된다. 보험업계에서 생산성을 향상시키는 매우 중요한 방법은 이탈로 생기는 문제점을 줄이는 것이다. 이 회사의 최고경영자 에릭슨은 "생명보험이란 장기 관계와 충성도의 비즈니스"라고 강조한다.

이는 신뢰성의 중요성을 확인한 것이다. 여기에 학습만 더해지면

공식이 완성된다.

관계의 진정한 힘

샘 월튼은 "진정한 이윤은 고객 충성도에 의해 창출되는 것이며 값비싼 광고나 세일 기간을 통해 일시적으로 낯선 손님들을 끌어들이는 행위로 얻어지는 것은 아니다. 월마트의 놀랄만한 만한 이윤의 중심부에는 항상 만족해하는 충성고객들이 있다"고 말했다. 이는 제대로 된 고객을 찾아내어 이 고객들에게 가치를 주어야 한다는 것이다.

경영연구가인 톰 피터스는 세계시장에서 성공하는 마케팅 전략의 핵심을 "관계를 맺는 방법 외에는 없다. 시장에서 인내하는 법을 배워야 한다."고 말한다. 고객은 공급자에 관해서 "정말로 아는 것이 많은가? 그를 신뢰할 수 있는가? 그의 제품으로 문제가 발생할 때 도움을 줄만한 사람인가?"를 생각한다. 필자가 얼마 전에 프린터를 구입하려 할 때에, 단순한 기준으로 귀착되었다. 이전에 쓰던 프린터는 제품은 좋았는데 고장이 나면 서울에 있는 이 회사의 서비스센터에 프린터를 들고 찾아가야만 했다. 필자가 새 프린터를 구입한 이유는 상품의 질보다 고장이 나면 서비스맨이 정확한 시간에 집에 찾아와 고쳐준다는 사실이었다. 신뢰성이 상품 선택에 결정적인 기준임을 확인하였던 것이다.

구매 결정이 잘못될 것을 두려워

시장에서 비즈니스맨은 결국 고객과의 장기적인 관계를 염두에 두어야 한다는 점이다. 상대방에게 확신 즉 신뢰를 주는 것이 중요한 과제이다. 고객은 자신의 구매 결정이 잘못될 것을 두려워한다. 이런 두려움을 완화시키려면 신뢰할 수 있는 증거를 제시하여 확신시켜야 한다.

연구결과에 의하면 신규고객 이탈률은 기존고객 이탈률의 2배가 넘는다고 한다. 신규고객의 이탈 원인은 구입 후 초기에 발생한 문제에서 대부분 발생한다. 공급자가 문제에 대해 제대로 해결책을 제공하지 못하거나 의사소통이 제대로 이루어지지 않을 때 나타난다. 하버드 대학의 레너드 슐레징어와 제임스 헤스케트는 충성고객을 만들어 내는 회사들은 다음과 같은 특징을 가지고 있다고 밝혔다. 첫째, 기계에 대한 투자에 앞서 사람에 대한 투자를 먼저 고려한다. 둘째, 기술은 일선직원들을 보조하기 위한 것으로 활용한다. 셋째, 관리자와 마찬가지로 말단 직원들에게 교육을 철저히 시킨다. 넷째, 성과에 따른 보수를 전체 직원에게 실시한다.

직원들이 흠 없는 서비스를, 고객들은 이윤을

페덱스의 부사장 제임스 퍼킨스는 "우리는 우리 직원들을 최우선으로 배려해준다. 그래야 직원들이 고객들에게 흠 없는 서비스를 제공하고 고객들은 우리에게 이윤을 준다고 믿는다."고 말한다. 이 회사는 항공운송 시장에서 42%라는 경이적인 시장점유율을 차지하고 있다. 이 회사에서 소포를 다루는 사람은 40시간, 신입 배달원은 160시간, 고객서비스 센터 직원은 200시간의 훈련을 받는다. 이 회사는 직원들의 일에 대한 지식과 경험에 따라 성과급을 지급하는 보너스 프로그램을 가지고 있다. 직원들은 활기가 있고 고객들은 만족하며 사업은 번창하고 있는 페덱스는 중요한 교훈점을 제시한다.

고객불평의 1/3 정도가 제품의 올바른 사용법을 잘 모르는 것에서 비롯된다고 한다. 회사가 서비스맨의 방문, 전화상담 등으로 의사소통에 노력하면 고객은 제품에 한층 만족도가 높아질 것이다. 수신자요금부담 전화번호를 기재하여 의사소통을 원활히 하는 것이 재구매율 증가에 기여한다. 호주 시드니의 암 전문의들의 연구결과에 의하면, 환자들의 만족도를 높이는 일이 환자와 의사와의 적절한 정보소통에 의해 개선될 수 있음을 보여준다. 의사가 진료실에서 해준 말을 다시 한 번 편지로 알려주었더니 환자의 만족도와 신뢰도가 훨씬 높아졌다는 것이다.

고객을 충성고객으로 만드는 방법은 첫째, 고객의 구매를 감사하고 그것이 현명한 결정임을 표시하는 것이 중요하다. 둘째, 고객의 반응과 의견을 알아내고 신속하게 대처하는 것이 중요하다. 셋째, 제품 사용법에 대해 쉽게 설명한 안내우편과 상담 전화번호를 기재한 안내문을 이용한다. 넷째, 무상보증제도, 다른 서비스들을 알려준다. 다섯째, 충성고객을 위한 혜택을 제공한다.

시장조사와 고객 신뢰

고객 중에서 상위 1/3이 매출과 이윤의 대부분을 만들어 주는 사람들이다. 실제로, 고객은 가격이 싸다는 이유만으로 구매하는 경우는 매우 드물고 가치와 신뢰성을 우선한다는 것이다. 미술상 맥 매코넬은 갤러리에서 구매하는 고객들이 고려하는 사항 중에 가격이 맨 마지막 사항이라는 것을 알게 되었다. 미술품의 고객이 고려하는 최우선 사항은 품질과 독창성이라는 것이다. 그는 저가격의 액자를 취급하지 않기로 하고, 구매하고 일 개월 후 얼마나 만족하는지를 고객에게 전화로 확인했다. 그는 직원들에게 자문판매방식을 가르쳤다. 이는 고객과 미술품의 가치에 대해서 이야기하고 그것을 걸어놓을 장소에 대해 언급하며, 맨 나중에 가격을 이야기하는 기법이다. 그 결과, 이 미술상점의 거래 평균가격이 67불에서 167불로 오르게 되었고 매출과 순이익이 함께 올랐다고 한다.

현장에서 고객과의 접촉이 많을수록 고객이 이탈할 가능성은 줄어든다는 것이다. 이는 신뢰성을 높여주기 때문이다. 고객이 당신과 거래를 하면 할수록 심리적인 안정감을 제공하여 이탈을 방지할 수 있다. 이를 위한 고객점수제도와 단골고객에 대한 혜택이 있음을 알려줘야 한다. 현장에서 활동하는 직원들이 고객을 단골고객으로 만드는 능력을 교육시키는 것은 매우 중요하다.

관계를 통한 신뢰 마케팅

시장에서 고객과 인간적인 유대관계를 만드는 것은 중요하다. 이는 신뢰도를 높여준다. 고객을 회원으로 만들고 그들에게 혜택을 주는 방법은 반복구매를 강화하는 한 방법이다. 회원제도는 회원에게 혜택을 주고 구매상황을 파악하고 그들에게 지속적으로 정보를 제공하는 것이다. 미국 MCI사는 회원마케팅을 변형해 장거리 전화를 자주 하는 고객들에게 전화통화료를 할인해 주고 친지들의 명단을 작성하여 제공하는 고객에게 혜택을 제공했다. 그 결과 이 회사는 단기간에 5백만 명의 신규가입자를 확보할 수 있었고 시장에서 경쟁력을 확보하게 되었다.

미국의 스콧 펙이 심리학에 관해 쓴 저서가 있었다. 그 책은 보통의 책과 마찬가지로 서점의 서가에 별로 팔리지 않은 채 있었다. 그런데 몇몇 사람들이 그 책의 진가를 발견하고 자신의 주변 친구들에게 소개하면서 조금씩 그 책을 찾는 수요가 늘기 시작하였다. 결국 그것은 구전효과에 의한 연쇄반응으로 이어져 수백만 권이 팔렸고 9년간 베스트셀러가 되었다고 한다.

시장에서 구전효과는 소개받는 방식에 의하는 것이다. 이는 신뢰가 형성된 관계에서 이루어지므로 판매에 직접적인 효과가 있다. 또한 소개로 구매하는 사람은 거래관계가 더 오래 지속된다. 구전효과를 얻으려면 입에 오르내릴 수 있을 만큼 독특하고 우수한 점이 있어야 한다. 고객 중에 영향을 미칠 수 있는 사람들에게 특별한 혜택과 서비스를 집중적으로 제공하여 그들의 마음을 움직여야 한다. 고객들에게 높은 수준의 가치를 주면서 회사의 제품과 서비스를 추천해주기를 부탁하는 것이 중요하다. 만족 수준이 높은 고객의 이야기를 소개하는 것도 설득력이 있다.

불평하는 고객

미국의 마케팅 전문가인 질 그리핀은 그의 저서에서 몇 가지 사례를 소개해 주고 있다. 1970년대 말 텍사스주립대학 교수로 임용되어 오면서 이사짐을 분실한 로버트 레온 박사의 사례가 있다. 그는 이사짐 회사에 클레임을 제기하였고 결국 법정에 제소하였다. 그런데 그 회사는 레온 박사의 요구를 다 들어주었으나 사과편지 쓰는 일만은 거부하였다. 레온 박사는 그 회사에 대한 나쁜 소문을 계속 퍼뜨렸는데 10년간 3,500명에게 나쁜 소문을 전했다고 한다. 한 명의 고객이 수많은 고객들의 길을 막을 수 있다는 사례이다.

미국의 쓰레기 운반회사 회장 러클셔우스는 "당신이 고객 문제를 해결해주면 가격문제는 대부분 사라진다."라고 말했다. 대부분 시장에서의 실패는 고객과의 신뢰를 잃어 가는 것에서 비롯된다. 쿠퍼스 앤 리브랜드사의 부사장 고트프리트는 "자신이 어떤 불만을 가지고 있는지 알려주는 고객은 거의 없다. 불만이 있는 고객은 그저 말없이 떠난다."라고 말했다. 평균적으로 불만족 고객의 4%만이 그 불만을 상대방 회사에 전달하고 나머지 96%는 아무런 불평을 털어놓지 않고 다른 경쟁자에게로 가버린다고 한다. 자신의 불만족 내용을 알려주는 고객은 참으로 귀하고 좋은 고객들이다. 비즈니스맨은 이들에게 신뢰를 다시 얻어야 한다.

고객은 까다롭다

미국의 그래니트록사는 석재 관련회사인데 다른 회사와 차별화를 만들기가 어려웠다. 이 회사는 가능한대로 고급재료와 고급서비스를 지향하기로 하였다. 우선, 고객들이 이 회사의 제품과 서비스를 어떻게 평가하고 있는지를 알기 위해 지속적인 여론조사를 실시하여 '보고카드'를 만들고 이를 근거로 그래프를 게시하여 모든 직원들이 보도록 했다. 이는 회사의 신뢰성을 높이는 계기가 되었다. 1백여 년의 전통을 지닌 이 중소기업이 고객의 목소리에 긴장하고 있음으로 고객의 신뢰를 얻어 낙오되지 않았던 사례이다.

지속적인 관찰과 고객의 사후반응을 수집하고 이에 대응하는 것은 고객의 신뢰를 얻는 데 필수적인 과정이다. 미국 맥킨지사는 연구조사에서 다음을 지적하고 있다. 중요 불만사항이 있으며 표현을 하지 않는 고객의 재구매가능성은 9%이다. 불만을 표현하는 사람은 결과에 관계없이 재구매가능성이 19%이다. 문제가 잘 해결된 고객들의 재구매가능성은 54%이다. 문제가 아주 신속하게 해결되는 경우 재구매가능성은 82%이다. 이상의 조사결과, 결론은 불만의 신속한 해결을 노력하는 회사는 충성고객을 확보하는 경쟁력을 갖춘다는 것이다. 대부분의 고객은 불만을 표현하지 않고 다른 경쟁사로 간다. 한 사람의 고객이 불만을 말하면 보통 25명의 고객이 영향을 받는다고 한다.

고객이탈을 예방하는 방법

기업은 고객들이 자신들을 평가하고 그 결과를 쉽게 전달할 수 있게 해야 한다. 이는 고객의 신뢰를 유지할 수 있게 해주는 데 중요하다. IBM사는 고객파트너쉽 전화제도를 시행한다. 이 회사는 시스템이 배달된 후 일정 기일이 되면 고객들의 구매에 감사하고, 시스템에 대한 의견을 물어보고 그 대답을 데이터베이스에 입력한 후 각 부서에 전달하여 개선할 여지를 제공한다. 고객들의 의견을 수집하는 방법에는 설문조사, 고객 심층면담 등 여러 방법을 활용할 수 있는 데 반드시 그에 대한 조치를 실천해야 한다.

텍사스주에 있는 아메리스위트 호텔은 연간 4만 불의 수입을 올려주던 아메리칸 혼다사의 거래가 중단된 것을 알게 되었다. 그들은 혼다사의 관계자에게 접근하여 무슨 문제점이 있는지 가르쳐달라고 부탁하였더니 몇 가지 문제점을 지적하였다. 교통편의, 호텔 입실 절차, 계산 과정 등에 문제점이 있었다. 아메리스위트는 문제점을 해결하였고 혼다사와 다시 신뢰 관계를 맺게 되었다.

언제라도 연락할 수 있는 체제를

고객이 도움을 필요로 할 때 신속하게 조치해야 한다. 고객의 문제를 발견하게 되면 즉시 조치를 하되, 고객에게 해결해 줄 시간을 약속해야 한다. 수리나 환불 및 보증제도 등을 편리하게 제공해야 한다. 고객이 문제가 있을 때 당신에게 언제라도 연락할 수 있는 체제를 갖추어야 한다. 많은 회사들이 공무원들처럼 근무시간에만 전화통화가 되는 체제로 되어 있다. 고객은 24시간 언제라도 당신의 제품을 쓰다가 문제를 겪을 수 있다. 심야에도 전화상담을 할 수 있는 체제가 되어 있지 않은 회사는 24시간 상담이 가능한 경쟁회사에 조만간 고객을 뺏길 것이다.

필자가 이용하는 컴퓨터바이러스 프로그램 회사는 문제가 있어도 그들의 낮 근무시간 외에는 연락할 수도 도움을 받을 수도 없다. 밤에도 상담하고 문제를 해결하는 컴퓨터바이러스 프로그램 회사가 나타나면 필자는 그 회사로 거래를 옮기려고 생각하고 있다. 시장에서 고객은 잘난 품질보다는 문제가 생겼을 때 언제라도 상담하고 문제를 해결해주는 회사를 원하고 있다. 어차피 인간은 불완전하며 모든 제품이나 서비스는 불완전하기 때문이다. 요컨대 품질보다 신뢰성이 더 중요하다는 사실이다. 어느 회사는 수리한 지 일정기간 이내에 같은 고장이 발생하면 수리비를 받지 않는 정책을 펼쳐 충성고객을 확보하는 데 결정적 요인으로 작용시켰다.

의견을 수렴하여 부가가치를 높인다

고객의 신뢰를 확보한 기업들의 특징은 고객을 유지하기 위해 어떤 체제를 개발하고 사용해왔다는 점이다. 기업회계프로그램을 공급하는 미국의 그레이트 플레인즈회사는 고객들의 지원요청에 응답해주는 시간을 보장하고 약속을 지키지 못하면 고객에게 25불의 쿠폰을 제공한다. 하루 평균 1,100통의 고객전화의 반 이상이 즉각 해결되고 이 보장을 한 후에 시간 내에 99.13%의 응답이 이행되었다고 한다. 이 제도를 통해 고객 신뢰도를 높이는 결과를 얻었다는 점이 중요하다.

고객의 충성도를 높이기 위한 아이디어는 고객의 의견만이 아니다. 고객에 이르는 여러 단계에서 개선을 위한 제안을 두루 얻을 수 있다. 뒤퐁사가 얼룩이 남지 않는 카펫을 처음 시판하여 성공적인 결과를 거두었던 것은 그 신상품을 판매하는 사람의 의견을 잘 수렴했기 때문이라고 한다. 이 회사는 여러 부서의 요원들로 이루어진 신상품개발 위원회를 통해 소매점, 공장, 각 유통단계의 사람들을 '고객'으로 간주하고 이들의 의견을 계속 수렴하였다. 카펫의 가격설정, 카펫의 장점을 고객에게 전달하는 방법, 마케팅에 필요한 조치 등에 관해 의견을 수렴하면서 부가가치를 더 높일 수 있는 방법을 찾게 되었고, 이러한 것들이 집합되어 고객에게 가치를 전달할 수 있었다.

성공과 실패는 일선직원들에 의해 좌우

미국의 스위스마크 호텔체인은 고객의 기본적인 요구사항인 쉬운 예약, 신속한 입실절차, 깨끗한 방, 정확한 계산서 등에 주의를 기울였다. 이 호텔은 이를 일관성 있고 성의 있게 실행하면서 고객의 신뢰를 얻었다고 한다. 이는 큰 행운이나 큰 프로젝트가 아니라 기본적이고 일상적인 것에 충실함으로 고객의 신뢰를 얻을 수 있다는 것을 보여준다. 단지 장사꾼의 입장이 아니라 고객의 입장에서 생각하는 단순한 원칙을 지키는 것이 중요한 것이다.

하버드 대학의 모스 캔터는 "기업서비스 전략의 성공과 실패는 일선직원들에 의해 좌우된다. 고객을 직접 접하는 사람들이 이들이기 때문이다"고 말한다. 고객접촉의 90%가 일선의 말단직원들에 의해 이루어지므로 그들이 해야 하는 역할에 대해 이해하고 그들을 제대로 활용해야 한다.

먼저 직원들에게 신경을, 직원들은 서비스에 신경을

사우스웨스트 항공사는 비행기가 도착하면 짐들을 내리고 다시 싣고 비행기 청소를 하고 음식료를 준비하고 주유를 하는 등 이륙 준비를 하는데 승무원이 협동하여 15분 안에 끝낸다고 한다. 이와 같은 일을 다른 항공사들은 3배 정도의 시간이 소용된다. 사우스웨스트 항공사는 9.11 테러 후에도 지속적으로 순이익을 발생시키며 안정적인 직원 충성도를 유지하고 있다. 이 회사의 최고경영자인 켈러허가 새벽 3시에 직원 휴게실을 찾아와 도넛을 나눠주고 비행기 청소를 도와주는 일이 가끔 있다는 사실이다. 이는 최고경영자가 직원을 위하는 마음이 입으로만 하는 것이 아님을 보여주는 것이다.

미국 필라델피아에 있는 로젠블러스 여행사는 13억불의 매출을 올리는 세계적인 우수 여행사로 성장했는데 그 요인을 최고경영자 로젠블러스의 말에서 알 수 있다. "나는 고객보다도 먼저 사원이 중시되어야 한다는 것을 깨달았다. 직원들이 자신의 직무에 만족하지 못한다면 절대로 고객을 만족시키려는 마음이 있을 수 없다는 점이다"고 그는 말한다. 그 결과, 생산성이 향상되고 이익이 증가되어 급여가 30%가 인상되었고 직원 이직률, 교육비용, 인사관리 등으로 발생되는 비용이 절감되었다. 로젠블러스는 "우리는 직원들에게 먼저 신경을 쓰고, 직원들은 서비스에 대해 신경을 쓴다. 나는 직원 충성도를 높이는 것이 유용하다는 것을 알게 되었다"고 말한다.

신뢰와 직원에 대한 투자

신뢰를 바탕으로 한 관계가 우수 기업들의 특징의 하나이다. 기업에서 신뢰는 종업원과의 관계, 비즈니스 파트너와의 관계 설정에 있어서도 똑같이 중요하다. 경쟁시장에서 약속을 지키는 것은 핵심적인 사항이다. 시장에서 서비스가 믿을 수 있느냐 여부는 고객에게 매우 중요하고 경쟁력에 결정적 역할을 한다. 연구에 의하면, 연구대상 중 44%가 서비스의 중요한 실패가 고객 외면의 주된 원인이었다고 한다. 시장에서 신뢰를 쌓으면 고객의 관용을 증대시킨다는 이점을 가져온다. 고객의 관용이 증대되면 직원들의 고의가 아닌 잘못들을 쉽게 용서해준다는 의미이다. 이는 직원들을 행복하게 하고 기업의 수익을 높여준다.

조사에 의하면, 신뢰도가 낮은 생산기업은 부가가치가 없는 행위에 소비하는 경향이 있다는 것이다. 예를 들면, 부품공급업자와 만나는 시간의 절반을 가격 등을 협상하거나 문제의 책임소재를 따지는 등 부가가치가 없는 행위에 소비한다고 한다. 결론은 시장에서의 신뢰는 자원의 공유를 촉진시키고 관계 비용을 절약시키며 가치를 창출한다는 것이다. 우수 기업 렌트어카의 부회장은 "어떤 사업이든지 가장 중요한 건 사람입니다"라고 말한다. 고객들이 만족스런 경험을 하면 신뢰가 형성되어 위험부담을 줄이고 시간을 절약하며 사회적 이익을 얻을 수 있다. 고객과의 진정한 관계는 가격경쟁에 맞서 싸울 수 있는 최상의 방법인 것이다. 사실, 무조건 값이 싼 것을 고르는 고객들은 대부분의 시장에서 소수에 지나지 않는다고 한다.

최고의 서비스 기업은 직원의 성공에 투자한다는 점이다. 이들은 직원들이 지속적인 학습을 하도록 도와준다. 학습은 임직원들을 정신적으로 자극하며 동기를 부여해 준다. 학습에 대한 투자는 기업 발전의 원동력이 되는 것이다. 학습은 자기 존중과 프로페셔널리즘에 기여한다. 학습은 자극을 주고 스스로에 대한 신뢰감을 높여 준다. '스스로에 대한 신뢰감!' 이것이 매우 중요한 것이다.

더 큰 기회를 열어준다

고객은 제품이나 서비스가 편리함이나 즐거움을 줄 것이라고 믿고 구입하는 것이다. 비즈니스맨은 고객의 신뢰를 얻게 되면 추가 제품을 제공하는 기회가 생기게 된다. 고객에게 더 많은 선택의 기회를 주면 고객들은 훨씬 더 많은 것을 구입한다고 한다. 구매 결정을 내린 고객은 심리적으로 적극적인 구매 욕구를 갖게 되는 상태에 있다.

디즈니랜드는 그동안 개별 탑승권을 판매해 왔으나 한 번의 티켓 구매로 더 많은 놀이기구를 탈 수 있도록 했더니 티켓 구매가 더 늘어났다고 한다. 이 회사는 티켓을 대량구매 하는 경우에는 할인 혜택을 주었는데 전체적인 수입의 증가로 나타났다. 기업이 고객에게 진정한 제품가치를 제공한다면 상당수의 고객은 추가거래에 응할 것이다.

자동차 판매에서 기본조건으로만 자동차를 구입하는 고객은 극히 드물다는 사실이다. 대부분의 고객은 무엇인가 나은 추가옵션을 더하여 자동차를 구입한다는 것을 쉽게 알 수 있다. 고객에게 더 많은 기회를 제시하는 것은 고객을 귀빈으로 대우하는 것이고 고객에게 그것을 살만한 자격이 있다고 인정하는 효과가 있다. 고객에게 더 많은 기회를 제공하여 구매량과 횟수를 선택하도록 해주어야 한다. 여러 가지 선택의 기회가 주어졌을 때 사람들은 평소보다 훨씬 더 많은 것을 구입한다. 이러한 추가 거래의 바탕에는 신뢰가 있어야 한다는 점이다.

제6장

전문가의 힘

수입이 아니라 전문가적 태도

데이비드 스나이더는 스나이더주식회사 최고경영자이며 마케팅 전문가이다. 스나이더는 "당신의 가치기준을 수입이 아니라 전문가적 태도 그리고 당신만의 특별한 프리젠테이션에 둔다면 비즈니스맨으로서 더 큰 성공을 거둘 것이다. 자신만의 독특한 스타일로 더 좋은 이미지를 더욱 강력하게 어필할 수 있다."라고 말한다. 이는 전문가로서 자부심을 가져야만 된다는 점을 말하는 것이다. 전문가는 자신의 전문적 실력을 발휘하되 절대로 예의바른 태도를 잊어서는 안 된다.

시장에서 마케팅, 서비스 그리고 세일즈는 각각 별개의 기능이 아니라 동일한 하나라고 할 수 있다. 비즈니스맨은 항상 감정을 배제하고 잘 준비된 인물로 나타나야 한다. 구매자들은 조용한 자신감으로 다가오는 비즈니스맨들을 편안히 받아들인다. 전문가로서 비즈니스맨은 "제 상품은 당신의 인생에서 추측과 불확실성을 몰아내줄 것입니다."는 메시지를 남겨야 한다. 비즈니스맨은 어떤 방식으로든 고객의 고통을 덜어줄 것이라고 믿는 상품을 팔아야만 한다. 중고차를 팔더라도 고객에게 적합하지 않은 중고차는 팔지 않는다는 것을 긍지로 여겨야 한다.

고객에게 줄 수 있는 사람

뉴욕 하버스트 컨설팅그룹 사장 커리 얼은 "처음부터 받기만을 바라는 세상에서 나는 고객에게 줄 수 있는 사람이라는 점을 알려 주었습니다."라고 말한다. 그는 이기적인 세상에서 전문가로서 고객들에게 무엇인가 이익을 줄 수 있는 사람이라는 것을 증명하였다. 그는 전문가로서 자부심을 품으면서 허리를 숙이고 고객이 멋지게 보일 수 있도록 최선을 다했다고 한다. 커리 얼은 비즈니스맨이 고객들에게 팔아야 하는 것은 제안이 아니라 제안 뒤에 담겨있는 메시지라는 점을 깨달았던 것이다.

미국의 세일즈 전문가인 로버트 넬슨은 "세일즈는 전문직의 하나이며 하나의 기술이다. 진정으로 고객들에게 봉사하려는 도덕적인 성실성이 판매이윤을 증가시키는 것이다."라고 말한다. 비즈니스맨이 전문가로서 고객에게 봉사하는 자세가 중요함을 그는 강조하였다. 세일즈 트레이너인 레스 브라운은 "고객과 거래할 때, 상대방의 눈을 직접 마주보는 것이 가장 효과적인 테크닉이다"라고 말한다. 전문가로서 비즈니스맨은 고객을 두려워해서는 안 된다.

위대한 비즈니스맨은 이타적인 것

성공하는 사람들의 공통점은 낙천성이다. 이러한 낙천성은 자신에 대한 사랑, 다른 사람에 대한 사랑, 자기 상품에 대한 사랑에 바탕을 두고 있다. 진정으로 위대한 비즈니스맨의 사랑은 이타적인 것이 되어야 한다. 비즈니스맨은 관대하고 봉사하는 사람이 되는데 초점을 맞추어야 성공한다. 이익은 그 결과로서 저절로 나오는 것임을 명심해야 한다.

"사람들은 상품을 사는 것이 아니라 나 조 지라드를 산다."라고 최고의 비즈니스맨 조 지라드는 말했다. 지라드는 "모든 사람에게 여분의 사랑을 덤으로 주는 것, 서비스를 주는 것이 중요하다"고 말한다. 최고의 전문가로서 비즈니스맨은 남에게 베푼다는 정신이 있어야 한다는 것이다. 전문가로서 비즈니스맨은 자신의 차이점을 부각시켜야 한다. 이는 자기분야에서 뛰어난 전문가가 되어야 함을 의미한다. 자신의 일에 전적으로 헌신하고 전문가의 자격을 갖춘 비즈니스맨은 고객들에게 이익을 주는 사람이다.

상품이 아니라 전문가로서 문제를 해결

세일즈 컨설팅 전문회사인 '세일즈 퍼포먼스 인터내셔널사'의 운영자인 키스 이즈는 "비즈니스맨은 경쟁자와 차별화하는 요소를 부각시켜야 한다. 문제를 해결해줄 수 있는 솔루션을 강조해야 한다." 라고 말한다. 단순히 상품을 파는 것이 아니라 전문가로서 고객 문제를 해결하여 얻을 이익을 금전으로 제시해야 한다는 것이다. 키

스 이즈는 비즈니스맨의 최우선 과제는 고객의 호기심을 자극하는 것이며 고객이 자발적으로 거래에 대해 질문하도록 유도해야 한다고 강조한다.

고객은 상품 자체를 사는 것이 아니라 상품이 제공하는 혜택, 상품이 문제를 해결해줄 가치를 구입하는 것이다. 그러므로, 비즈니스맨은 전문가로서 그 혜택이나 해결책을 체계적으로 정리하여 제시해야 한다. 솔루션이란 '어떤 문제에 대한 해결책'이다. 문제를 해결해주는 솔루션을 통하여 더 큰 혜택을 받는 쪽은 고객이다. 사람들은 절대적 이유를 발견하지 않는 한 새로운 뭔가를 추구하려 들지 않는다는 사실이다. 전문가로서 비즈니스맨의 성공의 비결은 고객의 문제를 파악하고 이를 해결해주는 방식으로 접근해야 한다.

비즈니스맨은 유능한 협상가가 되어야

전문가로서 비즈니스맨은 유능한 협상가가 되어야 한다. 나폴레옹은 "지휘관으로서 용서받을 수 없는 과오는 미리 상상을 하는 것이다."라고 말했다. 이는 실제로는 전혀 다른 대응이 필요할 때 이에 유연하게 대응해야 함을 말한 것이다. 유능한 지휘관은 어떤 특정 상황에서 적이 어떤 행동을 취할 것이라고 스스로 가정하고 행동해서는 안 된다. 즉 상황에 따라 유연하게 대응해야 한다. 비즈니스는 일종의 협상이라고도 할 수 있으며, 고객과의 심리적 긴장감

속에서 거래가 이루어지는 것이다.

전문가로서 비즈니스맨은 협상이 끝났을 때 고객으로 하여금 그가 협상의 승자라고 느끼게 해야 한다. 협상을 하나의 게임으로 보는 것은 협상을 잘하게 만들어 주는 데 있어서 큰 역할을 한다. 유능한 협상가는 자신에 대한 타인의 호감 필요단계를 초월한 사람들이다. 유능한 협상가가 되기 위해서는 우선 잘 들을 줄 알아야 하고 상대의 의견을 존중해야 한다. 고객에게 "원하는 것이 무엇입니까?"라고 질문하면서 문제를 다룬다면 질문을 통하여 정보를 알게 되고 문제를 해결할 수 있다. 전문가는 힘이 있다. 비즈니스맨은 자신의 기술, 전문성을 끊임없이 향상시켜야 한다. 그래야 비즈니스맨은 전문가로서 상황을 통제하고 자신의 삶에 대한 지배력을 가질 수 있을 것이다.

특별한 전문기술을 갖추는 것은 중요

마크 맥코맥은 스포츠 마케팅회사인 IMG사의 창업주이다. 맥코맥은 "특별한 전문기술을 갖추는 것은 중요하다. 비즈니스의 기본 원칙은 정직, 친절, 양심이다."라고 말한다. 그는 오랜 사업 경험을 통하여 더 많은 사람을 만나는 것보다 이미 아는 사람들과 더 친숙하게 되는 것이 중요하다는 것을 깨달았다. 그가 인맥을 만드는 첫 번째 규칙은 간단하다. 자신을 돕기 전에 남을 먼저 돕는 것이다.

맥코맥에게 있어서는 정보를 얻고 비즈니스를 하고 일을 얻는 것이 인맥 형성의 목적이다. 전문가로서 스포츠 마케팅 업계에서 뛰어난 수완을 보였던 마크 맥코맥은 탁월한 비즈니스맨이었다.

일본인 다카기 레이지는 복사기를 파는 평범한 세일즈맨에서 출발해, 1956년 메이코 상회를 설립했다. 메이코 상회는 보안 및 환경기업으로 명성을 쌓았다. 다카기는 "이상이나 신념이 없는 세일즈는 경쟁에서 절대 살아남을 수 없다는 것이다. 향상심을 가진 사람은 중요하다. 사람의 신선도란 학습하려는 자세를 말한다. 항상 향상하려는 마음이 중요한 것이다."라고 말한다. 다카기 레이지가 자신의 분야에서 오랜 동안 명성을 쌓은 배후에는 자신을 향상시키고 전문가로서 자신을 끊임없이 갈고 닦았던 노력이 숨어있었다.

타협 처세술에 반대하며 지킬 것은 지킨다

다카기는 "타협을 잘 해나가는 것만이 비즈니스라는 처세술에 나는 반대하며 지킬 것은 철저히 지킨다."라고 말한다. 고객의 비위를 맞추면서 눈치로 비즈니스를 행하려는 사람에게 그는 엄중히 경고하고 있는 것이다. 그는 비즈니스맨은 자신감이 있는 표현, 자신을 주어로 말하는 자세가 필요하다고 생각한다. 전문가로서 비즈니스를 하면서 무엇보다 먼저 해야 할 일은 자기 회사와 자신에 대한 고객의 신용을 얻는 것임을 그는 깨달았다.

다카기 레이지는 고객과 만났을 때 고객이 질문할 내용을 미리 생각해두고 자기의 상황을 정확하게 파악해두었다. 이는 그에게 있어 예습에 해당한다. 다카기는 "비즈니스에서 매일매일 예습과 복습의 반복이 성장의 관건이다."라고 말한다. 그저 대충 고객을 만나서는 안 된다는 것이다. 전문가로서 충분히 준비하고 또 준비해야 함을 그는 알았다.

다카기는 "순수한 사람일수록 세일즈맨이 제격이다. 순수함이란 하나에 집중하여 오로지 고객에게 뛰어들 수 있는 성격을 말한다."라고 말한다. 전문가는 자신의 분야에 집중하여 집요하게 연구하고 자신의 수준을 높여나간다는 사실이다. 사실 비즈니스에서는 팔리지 않는 이유가 팔리는 이유보다 훨씬 많다. 그러므로, 팔리지 않는 이유를 알고 있는 고객에게 전문가로서 자신을 보여주는 것은 매우 강력한 힘을 과시하는 것이 된다. 다카기는 비즈니스맨에게 순수함과 정열과 투지가 매우 중요함을 강조했다.

단지 상품을 파는 장사꾼이 아니라는 사실

리처드 데니는 세일즈와 경영관리, 인력개발 분야에서 권위를 지닌 전문가이며 리처드 데니 그룹의 회장이다. 데니는 "세일즈는 이 세상 최고의 직업이며 진정한 전문직이다. 아무리 뛰어난 세일즈맨이라도 오직 자신이 믿는 것만을 팔 수 있을 뿐이다. 제품에 대한 믿음은 그만큼 필수적이다. 제품지식도 중요하지만, 더욱 중요한 것은 열정이다."라고 말한다.

프로 비즈니스맨은 전문가로서 비즈니스 지식, 업계 지식, 기업 지식, 상품 지식, 판매 지식, 태도 등을 갖추어야 한다. 또한 많은 자료를 읽고 시장 경향과 환경의 변화 등에 관해서도 얘기할 수 있어야 한다. 비즈니스맨은 자신의 회사에 대해 잘 알아야 하며 제품에 대해 철저히 알고 있어야 한다. 독자는 프로 비즈니스맨이 전문가로서 잘 알아야 하는 분야가 많다는 것과 거기에는 엄청난 노력이 필요함을 알고 겁이 날지도 모른다. 그렇다. 비즈니스맨이 되는 것인 단지 상품을 파는 장사꾼이 아니라는 사실이다. 엄청나게 어려운 직업이다. 그러하기 때문에 영국에서 높은 권위를 지닌 데니 그룹의 회장인 데니가 "세일즈는 이 세상 최고의 직업이며 진정한 전문직이다."라고 말했던 것이다.

끊임없이 향상시키는 노력

전문가로서 비즈니스맨은 판매 기술을 지속적으로 발전시켜야 타성에 젖는 실수를 피할 수 있다. 위대한 비즈니스맨과 평범한 비즈니스맨의 차이는 바로 '태도'이다. 흔들림 없는 확신, 긍정적인 태도, 항상 최선을 다하는 자세가 위대한 비즈니스맨의 요소이다. 이는 자신의 능력과 정신력을 끊임없이 향상시키는 노력이 있을 때에만 가능한 것이다. 전문가로서 비즈니스맨은 일의 우선순위를 정하여 기록하고 실행하는 것이 매우 중요하다. 시간은 항상 부족하다. 세상의 변화는 빠르다. 이러한 흐름에서 자신을 최고의 전문가로서 등장시키기 위해서는 허드렛일에 시간을 뺏기지 않도록 해야 한다.

전문가인 프로 비즈니스맨은 판매 시간을 최대한 존중하는 사람이다. 프로 비즈니스 기술의 원칙 중 한 가지는 자신을 스스로의 능력으로 사업을 이끌어가는 비즈니스맨으로 보아야 한다는 것이다. 이는 고객과 자주 접촉해야 한다는 것을 의미한다. 비즈니스맨은 사람 전문가가 되어야만 하며, 실제로 사람을 좋아해야 한다. 프로는 '밀어내는 사람'이 아니라 '끌어당기는 사람'이 되어야만 한다.

프로는 문제 해결사

전문가로서 프로의 기술의 한 가지는 '질문하는 능력'이다. 긍정적인 반응으로 이끌 수 있는 질문을 하는 것이 중요하며 '예스'라고 대답이 나올 질문을 해야 한다. 프로라면 항상 메모를 해야만 한다. 전문가인 비즈니스맨은 질문하는 것으로 그치지 않고 진정으로 잘 듣는 사람이 되어야 한다. 말하는 것보다는 듣는 것으로 더 많은 것을 배울 수 있기 때문이다.

프로는 자신이 문제 해결사라는 점을 인식한다. 전문가인 비즈니스맨은 각각의 고객이 다르다는 점을 알고 있다. 전문가는 상품이나 서비스를 팔지 않는다. 그는 결과를 판다. 고객이 원하는 것은 드릴이 아니라 드릴에 의해 얻게 될 구멍이다. 고객은 가치를 사는 것이다. 화장품이 아니라 아름다움을 팔아야 한다. 전문가는 고객의 머릿속에 그림을 그려볼 수 있도록 해주어야 한다.

전문가에게 상품에 대한 상세한 지식은 필수적이다. 더욱 중요한 점은 자신감과 신뢰성을 쌓기 위해 필요하다. 전문가는 자신만의 독특한 방식으로 비즈니스를 전개하는 사람이다. 조사에 의하면, 가장 싼 상품을 구입하는 사람들은 10-14%에 불과하다는 사실이다. 가장 비싼 상품을 구입하는 사람은 겨우 0.5%에 불과하다. 거의 대부분인 85.5%는 가장 싸거나 비싼 것이 아니라 최고의 가치를 찾는다. 사람들은 가격이 아니라 가치를 사는 것이다.

남과 구별되는 전문적 능력

리 실버는 그래픽 아티스트이며, 음악가이고 트레이너, 강연자, 5개 회사의 경영자이기도 하다. 리 실버는 자신의 사업에서 뛰어난 실력을 발휘하고 있다. 리 실버는 "당신은 뭔가 특출해야 한다. 당신의 수준, 사려 깊음, 절제력, 체계적인 전략은 다른 사람들과 당신을 구분해 준다. 업계에서 중요한 외국어를 배워라. 당신은 책벌레가 되어야 하며 모든 것을 읽어야 한다."라고 말한다. 남과 구별

되는 전문적 능력을 갖추는 것은 비즈니스에서 매우 유리한 역할을 한다.

중요한 것은 맡은 일에 전문가여야 한다는 것이다. 성공하는 사람들의 태도는 긍정적이며 자신을 홍보해야 한다는 사실을 알고 있다. 자신을 홍보하기 위해서는 무엇인가 전문적인 것을 갖추어야 한다는 것이 전제조건이다.

전문적인 특징을 위해서는 집착이 필요

리 실버는 "창조적인 사람들에게 공통적인 특징 중 하나는 집착이다. 최상의 만족을 나타내는 사람들은 기술을 받아들여 생활을 보다 단순하게 만드는 사람들이다."라고 말한다. 무엇인가 자신의 전문적인 특징을 만들기 위해서는 많은 시간 노력해야 한다. 이는 집착이 필요하다. 또한 생활을 단순하게 만들어 전문적 특징을 만들어 나가는 시간을 마련해야 한다. 많은 사람들이 시간을 허드렛일에 엄청나게 소비하고 있다는 사실을 인식해야 한다. 텔레비전 시청에 한 달에 몇 시간을 소모하고 있는지 독자는 자신을 파악하고 있어야 한다. 그밖에 자신의 전문적인 실력과 정신력을 향상시키는 것과 관련이 없는 일에 바치는 시간을 파악해야 한다. 그 다음에는 소모적인 일에 시간을 바치는 일을 없애야 한다. 오직 자신의 전문적 특징을 만들어 나가는 데 시간을 바쳐야 한다.

돌리 파튼은 "나는 가지고 있는 재능보다 자신감을 더 많이 가지고 있었죠. 제가 성공을 달성할 수 있었던 주원인은 바로 자신감이었다고 생각해요."라고 말했다. 돌리 파튼의 재능과 자신감이 결합되었을 때 전문가로서 큰 힘을 발휘할 수 있었던 것이다.

전문가로서 소중한 인간관계를

래리 윌슨은 윌슨러닝의 설립자이다. 그는 고교 교사생활을 하다가 보험영업을 시작했다. 그는 난관을 극복하고 최고의 비즈니스맨이 되었고 그의 실적이 뛰어나자 여러 곳으로부터 강의를 해달라는 요청이 들어와 윌슨러닝을 설립하게 되었다.

고교 교사였던 그는 보험 비즈니스를 하게 되었는데, 빅터 프랑클이 지은 '인간의 의미 추구'라는 책을 접하게 되었다. 그 책에서는 "사람은 장애물을 만나 그것을 극복해나갈 때에 비로소 가장 높은 차원의 자유 의지가 가지는 귀한 가치를 맛볼 수 있다"라고 주장했다. 래리 윌슨은 브랜다이스 대학교의 심리학과 학과장이었던 매슬로우 박사가 쓴 '인간 욕구의 5단계'라는 책을 보았다. 래리는 고객상담의 스킬은 전문가로서 소중한 인간관계를 발전시킨다는 사실을 알게 되었다.

비즈니스맨은 카운슬러

전문가는 고객과 관계를 맺어나가는 과정에서 고객의 신뢰를 커지게 한다. 전문가는 고객의 문제와 니즈에 대해 정확히 파악하고 해결책을 제시한다. 전문가인 비즈니스맨은 고객을 위한 카운슬러로서 상담자의 역할을 한다는 것이다.

전문가인 비즈니스맨은 스스로를 세일즈맨이라고 생각하는 대신 카운슬러라고 생각해야 한다. 그의 임무는 고객이 구매한 상품에 대해 만족해할 수 있도록 만드는 것이다. 전문가의 카운슬러식 판매는 고객과 비즈니스맨이 협력자 관계가 되게 한다. 협력하여 고객의 문제를 해결할 수 있는 최선의 해결책을 찾아낸다.

전문가의 카운슬러식 판매

전문가의 카운슬러식 판매는 먼저 고객의 신뢰를 얻는 데서부터 출발한다. 카운슬러 비즈니스가 만족감을 주는 이유는 하나는 판매의 스킬이고 다른 하나는 전문가다운 의식 두 가지 자질을 갖추고 있기 때문이다. 전문가다운 질문과 경청, 요점을 간결하게 나타내는 표현력을 통해 고객 문제점의 근본적 원인을 파악한다.

제시하는 해결책의 수준은 고객에 대해 파악하고 있는 정보의 수준에 따라 결정된다. 너무 복잡하거나 많은 해결책을 제시하는 것은 전문가의 자세가 아니다. 고객이 받아들일 수 있는 능력이 있는 것만 제시해야 한다. 고객의 기분과 상태를 감지하는 것도 유능한 비즈니스맨의 과제이다.

전문성과 대인 스킬의 조화

비즈니스맨이라면 자신의 제품과 서비스에 믿음을 가져야 한다. 고객을 설득하기 위해서는 전문성과 대인관계 스킬의 조화가 필요하다. 제품관련 지식도 중요하다. 반드시 유념해야 할 것은 고객들에게는 문제해결이라는 결과가 중요하다는 사실이다. 전문가로서 자신을 차별화할 수 있는 것은 전문가적 능력이다.

사람들은 물건을 사는 것이 아니라 물건의 효용을 산다는 사실이다. 전문가적 카운슬러 판매방식에서 정말 중요한 제품의 특징만 최소한도로 줄여서 말해야 한다. 즉 제품의 특성 전부가 아니라 중요한 최소만을 말하는 것이다. 우선은 해결책을 제시하고, 두 번째로 그 해결책의 이점을 설명하며, 세 번째로는 그 해결책의 만족을 설명하는 것이 중요하다. 해결책의 이점이란 문제를 해결하여 누리게 되는 혜택을 의미한다. 해결책과 이점이 초래할 만족은 니즈가 충족됨으로써 고객이 느끼게 될 기분을 말한다.

차별화는 전문가의 특성

차별화는 전문가가 반드시 갖추어야 할 특성이며 대인 판매에서 중요한 요소이다. 해결책이 좋다는 것을 납득하게 만드는 것은 중요하다. 납득하게 하려면 전문가의 권위가 있어야 힘이 있다. 전문가는 고객 문제가 해결되었을 때의 느낌을 미리 생생하게 느끼도록 만드는 것이 필수적임을 알고 있다. 전문가의 '제안'은 구체적이면서 단순하고 알아듣기 쉬운 낱말들이어야 한다. 비유를 활용하여 설명하는 것도 필요하다. 비교하여 보여주는 것도 좋다.

전문가는 자신의 해결책을 통하여 효과를 보인 실질적인 사례 즉 실화를 통한 설득이 좋다는 것을 알고 있다. 경험담에 얽힌 재미있는 이야기를 하는 것도 필요하다. 다른 사람의 경험담은 제안에 대한 믿음을 심어준다. 전문가인 당신은 해결책이 비용을 절감시키고, 수익을 늘려준다는 것을 고객이 깨닫게 해야 한다.

'구매자의 후회'를 방지하는 전문가

'구매자의 후회'란 구매 후의 후회하는 감정을 말한다. 전문가가 구매결정에 대해 안심시켜 주는 과정은 계약서에 서명하기 전에 시작된다. 해결책을 제시한 직후부터 시작되는 것이다. 만족해하는 기존 고객에게 파는 것이 새로운 고객을 창출해내는 것보다 훨씬 쉽다. 이는 방문하고, 구매를 축하해주고, 또 다른 혜택을 제공하는 것을 포함한다.

앨런 보레스는 공인회계사이며 공인자산평가사이다. 보레스는 전문적인 지적 서비스를 제공하는 회사를 대상으로 컨설팅을 하고 있다. 앨런 보레스는 "나는 경험을 통해 '누군가가 서비스를 사도록 설득하는 기술'이야말로 가장 위대한 기술이라고 확신하게 되었다."라고 말한다. 그는 지난 14년간 계약상담, 마케팅 컨설팅 분야에 종사해 왔다. 보레스는 "반드시 알아야 할 점은 고객들은 회사가 아닌 사람을 보고 서비스를 구매한다는 것이다. 고객들이 직접 확인할 수 있는 것은 당신이라는 사람뿐이다."라고 말한다.

전문가는 곡괭이가 아니라 굴삭기를 개발

비즈니스맨인 당신이 전문가로 인정받지 못하면 비즈니스는 매우 힘들게 될 것이다. 남들이 곡괭이로 땅을 파느라 땀을 흘리고 정신을 못 차리고 있는 동안에 전문가는 자신만의 굴삭기를 개발하는 사람이다. 굴삭기를 개발하는 것은 쉽지 않으며 많은 노력과 시간이 필요하다. 그렇기 때문에 당신만의 굴삭기를 일단 개발하면 남들이 전문가인 당신을 모방하는 것은 어려울 것이다.

비즈니스에서 가장 효율적인 방법은 사람들이 스스로 나의 고객이 되도록 만드는 것이다. 전문직 종사자로서 펼치는 마케팅의 핵심은 바로 비즈니스맨 자신이다. 앨런 보레스는 "마케팅이란 당신이 거래를 하고자 원하는 대상의 바로 앞까지 당신을 다가가게 해주는 모든 수단이다."라고 말한다.

가장 확실한 대인 마케팅

가장 확실한 효과를 내는 마케팅 방식은 대인 마케팅이다. 사람을 설득하는 일은 오직 사람에 의해서만 가능하다. 직접 나서서 고객을 설득하는 것은 매우 중요하다. 비즈니스는 상대를 설득하여 뭔가를 사도록 만드는 행위가 아니다. 사람은 설득에 의해 움직이는 것이 아니라 스스로의 필요에 의해 움직인다는 사실이다. 고객이 당신의 서비스를 구매하기로 결정했다면 그것은 설득되었기 때문이 아니라, 고객이 스스로 판단했을 때 그 서비스가 구매할 만한 가치가 있다고 여겼기 때문이다. 요컨대, 전문가인 당신이 고객을 설득한다는 것은 고객이 스스로 필요성을 깨닫게 하고 스스로를 설득하도록 도와준다는 것이다.

앨런 보레스는 "나는 나 자신을 '기업체의 병을 고치는 의사'로 여겼다. 의사들은 세일즈맨처럼 처신하지 않으며 그저 질문을 하고, 검사를 해보고 해결책을 처방한다. 고객을 설득하려 들지 말고 의사가 되어야 한다."라고 말한다. 의사들은 환자들을 대할 때 친절하지만 초연한 태도를 보인다. 이는 매우 좋은 자세이다. 비즈니스맨인 당신은 성공한 사람처럼 행동해야 하고 자신의 능력에 대해 자신감을 가져야 한다. 그래야 고객이 전문가로서의 당신에게 매력을 느끼기 때문이다.

전문가로 자부심 있을 때만 가능

보레스는 "내가 세운 행동계획에 따라 행동한 결과, 나는 90% 이상으로 계약체결 성공률이 높아졌다. 내 고객이 되지 못한 사람들은 내가 정한 심사에서 탈락한 사람들이라고 생각하게 되었고 이는 나를 편안하게 만들었다."라고 말한다. 고객과의 비즈니스 상담은 매우 어려운 과정이다. 이 과정에서 성공할 확률이 낮기 때문에 비즈니스가 힘들고 어려운 것이다. 앨런 보레스는 자신의 비즈니스 상담에서의 실패를 실패라고 생각하지 않았다. 오히려 고객이 실패했다고 위안했으며 이는 그를 편안하게 만들었다는 사실이다. 이는 전문가로서의 자부심이 있을 때에만 가능한 것이다.

전문가는 고객과의 대화에서 반응을 보이고 맞장구를 쳐주는 여유를 갖는다. 칭찬은 여유가 있을 때 할 수 있는 일이다. 고객들은 자신의 니즈나 욕구를 만족시키는 데 관심이 있을 뿐이므로 쓸데없는 얘기를 하지 않는 것이 좋다. 전문가는 질문을 통해 부연설명을 요구하는 것이 중요함을 알고 있다.

구매행위를 스스로 정당화

사람들은 감정적인 이유로 구매를 하고, 자신의 구매행위를 스스로 정당화한다는 사실이다. 다른 사람이 뭔가를 하도록 설득할 수 있는 사람은 없다. 사람들은 스스로 해야겠다고 깨달았을 때 실행한다. 그러므로, 전문가인 당신은 고객의 감정적 요구, 니즈, 욕구가 무엇인지를 알아내기 위해 질문 전략을 짜야 한다. 비즈니스맨이 전문가로서 뛰어남을 보여줄 때 구매자는 안심하고 자신의 구매를 정당화하는 것이다.

전문가인 당신이 상대의 말을 경청하는 태도를 보여주면 고객은 감정이 실린 이야기를 하게 된다. 고객의 기대치를 반드시 확인할 필요가 있다. 의사처럼 고객의 니즈, 요구, 욕구, 절실한 필요 등 진짜 문제점을 파고들면 보수 즉 가격 문제에 집중되는 것을 피할 수 있다.

자신의 가치를 자각하는 것

전문가인 당신은 고객이 아픈 곳을 느끼도록 해주고, 당신을 구세주로 여기도록 해야 한다. 상담 과정에서 비즈니스맨은 고객의 시각에서 세상을 바라보아야 한다. 자신의 능력에 대해 확신을 가지고 자신의 가치를 자각하는 것이 매우 중요하다. 전문가인 당신은 성공한 사람으로 자부심을 갖고 행동해야 한다.

비즈니스맨은 고객이 긍정적인 상태에 있을 때에 계약을 체결하는 것이 중요하다. 계약 상담을 주도하는 사람은 전문가인 당신이 되어야 한다. 고객의 질문에 답변을 할 경우에 요점으로 직행하고, 제3자의 사례를 들어 대답하는 것이 효과적이다.

성공한 사람과 구걸하는 사람

전문직 종사자들은 자신의 자아를 우선시하는 나쁜 습관이 있다. 이는 어설픈 교만 때문일 것이다. 고객에게 어떤 결과가 나올 것인지, 어떤 이득이 있게 될 것인지, 제공사례에 대한 기록을 제시해야 한다. 전문가인 당신은 성공한 사람처럼 제안을 해야 하며 계약을 구걸해서는 절대로 안 된다. 고객은 상대방이 어떤 사람인가를 보고 서비스를 구매하는 것이기 때문이다. 전문가인 당신은 상대에게 혜택과 해결책을 주는 사람이지 과자 부스러기를 얻으려고 애쓰는 사람이 아니다.

고객이 만족하면 만족할수록 다른 고객을 소개받거나 추가로 다른 일거리를 따낼 수 있다. 전문가는 고객의 지적 요구를 만족시킬 수 있다. 고객에게 질문할 기회를 주는 것이 필요할 수 있다. 전문가로서 질문과 필요한 요구를 하는 것이 성공의 열쇠다. 고객을 설득하려 들지 말아야 한다. 전문가인 당신은 환자와 상담하는 의사처럼 행동해야 한다.

30여 년의 연구와 숙고 끝에 위대한 동기부여 연설자인 얼 나이팅게일은 "성공이란 가치 있는 목표를 점진적으로 실현해나가는 것이다."라고 말했다. 마케팅이란 고객이나 소개자, 잠재고객들을 만나는 과정이다. 전문가인 당신은 자부심을 가지되 진지하게 상대가 구매자로서의 자격을 갖추었는지를 심사하는 입장에서 만나는 것이다. 이는 비즈니스맨으로서 당신의 태도를 안정되게 만들어줄 수 있다. 필자는 SR경쟁력프로그램 연구원장의 자격으로 많은 경영자들을 만나고 있는데 바로 이러한 마음가짐으로 그들을 대하는 것이 매우 중요하다는 사실을 경험하여 왔다.

자기 상품의 전문가

뛰어난 비즈니스맨이었던 권오근님은 "세일즈맨은 자기 상품에 대한 신념이 있어야 한다"고 말했다. 비즈니스맨은 반드시 고객에게 "이 상품이 당신에게 이익이 된다"는 말을 할 수 있어야 한다. 비즈니스맨은 판매할 상품에 대한 지식과 구매할 사람을 다루는 기술이 모두 필요하다. 다른 사람에게 물건을 팔기 전에 반드시 비즈니스맨 자신이 먼저 그 물건을 사야 한다. 그렇지 않으면 확신을 가지고 그 물건을 팔 수 없다. 식품을 제조하는 회사의 사장은 그 식품을 매일 자기와 자기 자식들에게 먹이면서 소비자에게 팔아야 한다. 자기와 자기 자식이 먹는 식품을 만드는 회사의 제품은 불량식품이 될 가능성이 없다.

상품을 팔기 위해 그에 대한 지식을 갖는다는 것은 너무도 당연한 일이다. 상품의 가치를 제대로 알지 못하고 세일즈를 하는 것은 절대로 안 된다. 만약에 상품의 가치를 제대로 모르고 판매하려 한다면 이는 사기꾼에 불과한 것이다. 절대로 고객에게 신뢰를 줄 수 없다는 것을 명심해야 한다. 비즈니스맨은 거래를 하기 전에 상품이 가격에 비해 더 가치 있다는 것을 알아야 한다. 또한, 상품의 제조과정, 상품의 구성 요소, 사용법, 실용성과 내구성, 보존법, 경쟁상품에 대한 지식을 알아야 한다. 요컨대 비즈니스맨은 상품의 전문가가 되어야 한다.

큰 성공의 공통분모는 마케팅 능력

큰 성공을 거둔 사람들의 공통분모는 자신의 분야에서 최고가 아니라 사고파는 능력 즉 마케팅 능력을 가지고 있다는 것이다. 마케팅의 첫 번째 단계는 '인식'이다. 두 번째 단계는 '가치'이다. 피카소는 자신을 표현하고 주목을 받는데 익숙했으며 뛰어난 쇼맨십과 커뮤니케이션 능력이 있었다.

어느 날 피카소는 작은 종이에 스케치를 하고 있었는데, 어느 노부인이 그림의 값을 물었다. 피카소는 '2만 달러'라고 대답했다. 부인은 "그 그림을 그리는데 겨우 2분밖에 걸리지 않았는데 2만 달러라니요!"라고 말하자, 피카소는 "부인, 저는 여기까지 오는 데 평생이 걸렸습니다."라고 대답했다. 우리의 제품이나 서비스를 사줄 사람들이 그것을 어떻게 인식하도록 하느냐에 가치가 달려 있는 것이다. 그것이 비즈니스맨의 가치이며 전문가로서의 의무이다.

마케팅은 내면과 외면 모두 충실해야

자신을 표현한다는 것은 다른 사람들에게 자신을 알리는 것이다. 비즈니스맨인 당신이 스스로를 소중히 여기지 않으면 남들도 당신을 존중해 주지 않는다. 마케팅은 내면과 외면 모두가 충실해야 한다. 마케팅은 이러한 것들을 어떻게 커뮤니케이션하느냐에 달려 있다. 마케팅은 매우 고수준의 비즈니스이다. 따라서 마케팅에 종사하는 비즈니스맨은 뛰어난 정신력과 실력이 있어야만 버틸 수 있는 것이다.

마케팅은 메시지의 커뮤니케이션을 의미한다. 고객들은 바로 비즈니스맨인 '당신'을 구입한다. 고객은 먼저 당신을 구입하고, 당신의 서비스와 제품을 구입한다는 것이다. 고객에게 관심을 보이고 호감을 보여주는 것이 중요하다. 고객에게 무엇이 최선인가를 고려해야 한다. 1948년에 최초의 폴라로이드 카메라가 발매되었는데 코닥의 약3불짜리에 비해 엄청나게 비싼 가격인 약90달러였다. 그런데도 폴라로이드 카메라는 모두 팔렸다. 당신은 자기 제품의 가격에 확신을 갖고 있어야 한다. 그리고 고객에게 그 가치를 환기시켜야 한다.

전문가로서 집중하려면 보다 적게 일해야

'전문가'로 인정받는 것은 매우 중요하다. 자격증이나 학위를 따는 것, 책을 쓰는 것 등은 전문가로 인정받는 데 도움이 된다. 당신은 전문가로서 집중하기 위해 보다 적게 일해야 한다. 이는 어떤 중요한 일에 집중하기 위해 덜 중요한 것을 포기해야 하는 것이다. 마케팅은 장기적인 끈기를 필요로 한다. 비즈니스맨은 전문가로서 자신의 시장에서 최고가 되는 것이 중요하다.

전문화한 법무법인

법률서비스 시장도 경쟁이 매우 치열하다고 한다. 법무법인도 전문화한 법무법인과 온갖 서비스를 제공하는 법무법인은 전문성에서 차이가 난다. 시장에서는 결국 전문성이 뛰어난 전문법인이 뛰어난 능력과 수익을 올린다. 미국 뉴욕시의 플롬법무법인은 기업인 수 문제의 전문 법무법인으로 명성을 얻었다. 법률시장에서 이 법무법인은 전문성이 두각을 나타내어 수익이 상당히 많았다. 1980년대 말에는 소속 변호사 한 사람이 한 해에 120만 불의 이익금을 받기도 했다고 한다.

그런데 플롬법무법인은 '온갖 법률서비스를 제공하는 법인체'가 되려는 계획을 세웠고 법무법인을 확장했다. 이 법무법인의 확장 결과는 수익률 면에서 급속하게 저하되었다. 그리고 기업인수와 같은 전문적인 사건의 의뢰건수가 급격히 줄어들게 되었다. 이 법무법인은 전문성에서 두각을 상실하게 되었고 시장에서 강력한 경쟁력을 유지할 수 없었다는 점이다. 요컨대 어떤 분야에서든 전문성을 추구하는 것이 성공 가능성이 높다는 사례이다. 전문가의 힘은 큰 것이다.

전문 분야의 보험회사 USAA사

미국 보험시장에서 전문 분야의 보험회사인 USAA사는 군대의 간부들과 그 가족을 핵심대상으로 한다. 사실 전문화될수록 자신만의 특정 시장을 갖기 때문에 경쟁에서 매우 유리하다. 작고 집중화된 보다 충실한 고객들을 만족시킬 수 있기 때문이다. 전문회사는 적게 팔아도 마진율이 높기 때문에 수익성이 좋다. 시장에서 제너럴리스트가 규모와 속도를 지향하는 반면 스페셜리스트는 서비스와 선택을 지향하는 것이 특징이다.

시장에서 스페셜리스트들은 고객에게 확실한 제품영역 내에서 폭넓은 선택권을 제공한다. 이들을 가리켜 카테고리 킬러들이라고 한다. 시장에서 전문 업종은 훨씬 더 집중된 유통경로를 사용할 수 있다. 이들은 소비자인 특정 고객들의 요구에 부합하는 차별화된 것을 제공한다. 개인이든 기업이든 전문적인 능력은 경쟁에서 매우 유리한 지위를 갖게 된다는 사실이다.

맥킨지, 전문가로서 최상의 판매

문제가 생기면 나를 찾아오게 만드는 것

세계적인 컨설팅 회사인 맥킨지는 최상의 판매는 판매하지 않는 데에서 비롯된다고 믿는다. 맥킨지는 어떻게 서비스를 파느냐고 물으면 예상과는 다르게 "맥킨지는 서비스를 팔지 않는다"고 대답한다. 이는 사실이 아니다. 그들은 간접적인 접근방식을 사용한다. 맥킨지는 고객을 찾아간다거나 대량 메일 공세를 펼치는 대신에 거의 전적으로 기존의 관계에 의존해서 새로운 비즈니스를 만들어 낸다. 한 프로젝트가 끝나고 그 고객에게 추가된 프로젝트를 후속작업으로 하는 것이다.

그들은 고객과 관계를 갖기 위해 마케팅을 한다. 책과 논문을 발표하고 지역사회에서 다양한 봉사활동을 하고 단체활동에 열심인 기업가들과 사귄다. 시사를 주제로 한 프로그램과 워크숍을 후원하기도 한다. 맥킨지는 이런 활동을 통해 대외적으로 이름을 알리고 기업의 의사결정자들과 네트웍을 형성한다. 맥킨지는 강요가 아니라 자의에 의한 수요를 만들어 낸다는 것이다. 그들은 "내가 파는 제품은 나의 아이디어이다. 그들이 나의 아이디어에 의존하게 만들어 문제가 생기면 나를 찾아오게 만드는 것이다. 강요가 아니라 자의에 의해 판매가 이루어질 수 있도록 자기존재를 의식하게 만드는 것, 그것이 판매의 비결이다"라고 생각한다. 맥킨지의 마케팅 방식은 전문가로서의 능력을 갖추었기에 가능한 것이다.

전문가로서의 간접판매방식

이것은 맥킨지의 간접판매방식으로서 먼저 명성을 쌓아서 그 명성이 고객을 유인하게 만드는 것이다. 당신이 고객의 필요를 충족시켜 줄 수 있다는 인식을 심어 놓으면 당연히 고객이 당신을 찾아올 것이다. 효과적인 판매란 고객의 필요를 파악해서 그것에 관한 전문지식을 쌓는 것이다. 당신이 무엇을 알고 있는지를 사람들에게 인식시키는 미묘한 방법으로 간접판매를 시작할 수 있다. 왜 비즈니스맨의 가치 중에서 자신의 가치가 가장 중요함을 독자는 이제 알 수 있지 않겠는가?

맥킨지의 대단한 자부심과 스스로의 가치에 대한 긍지가 많은 고객으로 하여금 자발적으로(?) 그들에게 찾아가도록 하는 것이다.

매우 높은 수준의 현명한 비즈니스이다. 같은 죄를 범해도 잘 생긴 사람은 못 생긴 사람보다 형량이 적고, 멋지고 깨끗한 거지가 못 생기고 더러운 거지보다 수입이 많다고 한다. 이는 이들이 가진 가치(?)가 상대적으로 높기 때문이다. 자기 자신의 가치가 있으면 같은 일을 해도 더 좋은 대접을 받는다. 전문가는 그 가치를 인정받게 되어 있다는 사실이다.

맥킨지의 뛰어난 고객유지 방법

맥킨지는 고객을 유지하기 위해서 고객이 원하는 것, 필요로 하는 것을 세심하게 고려한다. 그들은 그들의 컨설팅 활동에 고객을 참여시키고 고객 회사의 핵심멤버를 다루는 법을 배운다. 고객을 유지하기 위해 지속적으로 고객에게 최신 정보를 제공한다. 맥킨지는 고품질의 서비스를 제공하는 것만으로는 부족하며 고객을 참여시키는 것이 중요하다는 사실을 깨달았다. 그들은 "사실에 근거한 권고사항만으로는 반쪽짜리 경영 컨설턴트에 불과하다. 사장 사무실뿐만 아니라 그 조직 내 모든 계층의 팀원들을 통합시키는 것이 중요하다. 프로젝트과정 내내 의사소통을 유지해서 조직을 효과적으로 통합시키고 후속 프로젝트를 만들어 내야 한다. 고객에게도 관련 정보를 적게 주는 것보다 많이 주는 것이 좋다"라고 말한다.

맥킨지가 고객을 보유하는 비결은 전문가로서 고객의 기대를 충족시키거나 기대를 능가하는 데 있다. 맥킨지가 고객과의 장기적인 관계를 보장하는 가장 중요한 요소는 지속적인 변화를 만들어 낼 수 있는 능력이다. 맥킨지의 진짜 위계는 고객, 회사, 자기자신 순이라고 한다. 자기 자신이 맨 밑에 온다는 사실이다. 맥킨지가 비싼 컨설팅 요금에도 불구하고 성공하는 기업으로 존속하는 것은 고객 응대에서 고객을 최우선으로 대우하는 마음에서 비롯된다는 점을 비즈니스맨은 유념해야 한다. 이는 맥킨지가 가진 전문성의 탁월함에서 비롯되는 것이다.

놀라운 전문지식을 가진 비즈니스맨

전시회사 분야의 세계최대회사인 엑시비션 컴퍼니 부사장 크리스는 자기 분야에서 전문가로 인정받았다. 그는 전문가가 되기 위해 학술도서는 물론 비즈니스 서적들을 폭넓게 연구하며 그 지위에 올랐다. 그는 모뎀 제조회사에 광고지면을 팔려할 때 모뎀에 관한 모든 서적을 입수하여 읽었다. 어느 세계적 모뎀 제조회사 최고경영자는 한 시간 동안 모뎀기술에 관한 얘기를 크리스와 나누었는데, "비즈니스맨 중에서 크리스 만큼 모뎀에 관해 많은 지식을 가진 사람을 처음 보았다"고 말했다는 것이다.

고객이 감탄할 만큼 놀라운 전문지식을 가진 비즈니스맨은 매우 유리한 고지를 차지하게 된다. 크리스는 비즈니스를 수행하면서 경험했던 것을 말하고 있다. 그는 "비즈니스맨은 자신의 능력에 대한 자신감을 가져야만 합니다. 첫째는 자신의 상품과 서비스로 충족시켜줄 수 있는 필요한 것들을 찾아 파악해야 합니다. 고객의 얘기를 들으면서 메모를 해야만 합니다. 그래야만 해결책을 가지고 다시 찾아갈 수 있습니다. 항상 전달해야만 하는 메시지는 '고객님, 만약 충분한 정보를 제공해주신다면 고객님을 도와드릴 수 있을 것입니다. 고객님께서 정보를 제공해주시는 동안에 진지하게 듣겠습니다.'입니다. 만나는 사람 모두에게 그들의 파트너가 되기를 원한다는 점을 밝혀주어야만 합니다. 누구에게나 평온하고 겸손한 인물로 보여야 합니다."라고 말한다.

전문가의 말은 힘을 발휘

이어서, 크리스는 이렇게 말한다. "성공을 원하는 사람들을 위한 조언은 이것입니다. 상대방의 눈을 쳐다보며 당당하게 진실을 얘기해야 합니다. 자신이 그들을 위해 무엇을 해줄 수 있는지를 얘기하는 것입니다. '고객님, 이렇게 소중한 정보를 주시니 감사합니다. 고객님의 도움이 없었더라면 저는 이렇게 할 수 없었을 것입니다.'라는 마법의 메시지를 전달해야만 합니다."

크리스는 "고객이 완강함을 늦추지 않는다면 자신이 고객을 위해 해줄 수 있는 일을 한두 가지 얘기하고 상황이 어떻게 변하는지를 지켜보십시오. 고객과의 대화가 원활하지 못할 때는 '고객님, 만약 제 입장이라면 어떻게 하시겠습니까? 저는 꽉 막힌 답답한 상황에

처한 것만 같습니다. 죄송합니다. 아직 고객님께서 아셔야 할 필요가 있는 사항들을 다 말씀드리지 못한 것 같습니다.' 이러한 말은 언제나 효과가 있는 것 같았습니다. 그저 열심히 일하려만 하지 말고 머리를 써야 합니다."라고 말했다. 크리스가 전문가로서 자신을 보여주었다는 점을 유념해야 한다. 전문가의 말은 상당한 힘을 발휘한다는 사실이다.

제7장

자신감과 겸손

자신감과 겸손 사이에 균형을

엘머 레터만은 레터만 상사의 최고경영자를 역임하였으며 포브스지가 선정한 세계 10대 세일즈맨의 한 사람이다. 레터만은 보험영업으로 시작해 2년 6개월 만에 계약건수 1,000배를 달성한 미국의 보험왕으로 인정받았다. 엘머 레터만은 "위대한 영업자들의 경력을 관찰해보면 그 공통점은 바로 열정이었다. 탁월한 영업자들은 '자신감'과 더불어 '겸손함'을 겸비해야 한다."라고 말한다. 레터만은 자신의 비즈니스를 수행해가는 과정에서 새로운 개선을 위해 독창적인 방법을 끊임없이 시도하였다. 그는 "자신의 일의 중요성을 이해하고 믿을 수 없는 상품이라면 애초부터 취급하지를 마라."라고 말한다.

비즈니스에서 성공하는 사람은 자신감과 겸손 사이에 균형을 맞출 줄 알아야 한다. 모든 교만은 결국 무지에 기초하는 것이다. 인간은 성공하면 부당하게 자신의 공을 내세우는 경향이 있다. 반면에, 실패하게 되면 지나치게 외부 요인을 비난하는 경향이 있다.

비즈니스맨은 보통 사람으로는 벅찬 것

삶에 있어서 자신감은 성공의 기본이다. 자신감은 모든 분야에서 매우 중요한 성공의 원동력으로 작용한다. 필자가 경험한 바에 의

하면 외국어를 유창하게 구사하는 데 있어서 가장 중요한 것은 실력 그 자체보다도 자신감이다. 자신감이 없으면 평소 가지고 있던 실력도 발휘되지 않기 때문이다. 어느 연구 결과, 직장인들은 직업 중에서 가장 어렵다고 생각하는 직업이 대중연설가이고 그 다음으로 어려운 직업은 세일즈맨이라고 생각한다는 것이다. 비즈니스맨이라는 직업은 수만 개의 직업 중에서 두 번째로 어려운 직업이며 최고의 능력과 정신력을 가진 사람들만이 지속적으로 생존할 수 있다.

사실, 비즈니스맨이 되는 것은 보통 사람의 능력으로는 벅찬 것처럼 보인다. 비즈니스맨이 된다는 것은 엄청난 능력이 요구되며 비즈니스를 성공시키기 위해서 갖추어야 할 정신력과 실력은 무척 높은 수준의 것이다. 그런데, 이를 뒷받침하는 가장 기본적인 자산은 자신의 가치를 확고히 인식하는 것 즉 자신감이라는 점이다.

자신에 대한 이미지대로

자신의 가치를 확신하는 데에는 자기 자신에 대한 이미지가 매우 중요하다. 빅터 세리브리아코프는 그가 15세 때에 그의 선생이 "너는 결코 학교를 마칠 수 없을 것이므로 공부를 집어치우고 장사를 배워야 할 것이야."라고 말했다고 한다. 그는 자신을 그렇게 여기면서 스스로 17년간 그렇게 행동했다. 그런데 32세 때, 어떤 계기로 그는 아이큐 161의 천재라는 사실이 드러났다. 자기 자신에 대한 인식이 바뀌고 나자 그는 천재처럼 행동하기 시작하였다. 빅터 세리브리아코프는 책을 쓰고 많은 특허를 냈으며 결국 성공적인 기업가가 되었다. 그는 아이큐132 이상만 가입하는 국제멘사협회의 의장이 되었다. 존 게워드와 뮤리엘 제임스는 그들의 공동저서인 '이기기 위해 태어났다'에서 "사람이란 자신에 대한 이미지대로 행동하게 된다."고 말했다.

심리학자 조이스 브러더스 박사는 "자기 개념은 퍼스낼리티의 핵심이다. 긍정적인 자기 이미지가 성공 인생을 위한 최선의 준비"라고 말했다. 자부심은 자신의 능력에 대한 생각, 자신의 가치에 대한 생각이다. 이는 자기신뢰와 자기 존중이 합쳐진 것이다. 자부심이 높은 사람일수록 다른 사람들을 존중하고 관대하게 대한다. 마음의 여유가 있기 때문이다. 반대로 열등감이 많은 사람일수록 남을 깔보거나 난폭한 행동을 하는 경향이 있다고 한다. 자신의 이미지를 가장 확고하게 하는 지름길은 매일 학습을 통해서 자신의 가치가 향상되고 있음을 자각하는 것이다.

세계 제일의 물건

미국의 자동차 판매왕 조 지라드는 15년 동안 1만 3천 대의 차를 팔았다고 한다. 지라드는 "고객들은 사람을 사는 것이지 물건을 사는 것이 아니다. 나는 세계 제일의 물건 즉 '나'를 판다. 나는 내가 제일이라고 생각하도록 스스로를 세뇌시킨다."라고 말했다. 미국에서는 거의 2,000개에 달하는 생명보험 회사가 똑같은 상품을 팔고 있다고 한다. 그렇기 때문에 미국의 보험회사 직원은 상품보다 자신을 팔아야 한다는 얘기다.

어떤 의미에서 비즈니스맨이 곧 회사다. 그가 고객과 유일하게 인간관계를 맺는 존재이기 때문이다. 세계적으로 유명한 증권 중개인인 마틴 샤피로는 "성공한 위대한 비즈니스맨들은 모두 자기가 하는 일에 강한 확신을 가지고 있다. 당신이 자신의 일에 확신을 가질 때 당신을 판단하는 다른 사람들도 그렇게 생각한다."라고 말했다.

목소리에 이미지와 확신이 영업실적으로

거의 모든 주식거래를 전화상으로 세일즈하는 주식 중개인인 샤피로는 자기 이미지가 아주 중요한 요소라고 믿고 있다. 주로 전화로 하는 거래를 하는 샤피로는 "당신이 스스로를 아주 중요한 사람이라고 여기면, 다른 사람들 역시 당신을 귀빈으로 여길 것이다."라고 말한다. 샤피로가 고객과 전화로 상담할 때, 전화 목소리에 자신의 이미지와 확신이 반영되어 그대로 영업실적으로 나타난다는 것이다.

비즈니스맨은 자신을 믿는 것이 가장 중요하다는 것을 확신해야 한다. 비즈니스에서 영업실적은 능력과 의욕이 결합되었을 때 이루어지는 것이다. 하버드 대학 윌리엄 제임스 교수는 "인간의 사고방식이 바뀌면 세상이 바뀐다는 것, 이것이 금세기 인류 최대의 발견이다."라고 말했다.

강한 자존심과 자신감은 긍정적인 능력

심리학자 제임스 페네베이커는 "감정 기술 테크닉"을 사용했다. 이 감정 기술 테크닉은 자신의 감정을 기록하면서 자신의 감정을 파악하는 방법이다. 이 방법을 활용하는 사람들은 한결같이 감정을 조절하는 일이 크게 좋아졌다고 한다. 며칠 간격으로 하루에 일정한 시간 간격으로 감정을 기록해 나가면 감정처리에 매우 도움이 된다. 자신감은 자신의 감정을 조절할 줄 아는 사람이 얻을 수 있는 것이다.

자존심은 자신에 대한 감정적인 태도이다. 자존심이 약한 사람은 과장하거나 외부적 요소에 매달린다. 내적인 여유가 없기 때문이다. 자신감은 새로운 활동을 얼마나 잘 해낼 것인가를 뜻한다. 강한 자신감을 가진 사람은 타인을 믿는 것보다 훨씬 더 자기 자신을 믿을 수 있다는 것을 잘 알고 있다. 긍정적인 자아개념, 강한 자존심과 자신감은 긍정적인 능력을 부여한다. 이혼한 사람의 경우에, 자신의 내적 자아가 강할 때 정서적 충격에서 잘 벗어날 수 있다고 한다. 무감각한 적대감을 대응하며 살아남으려면 강한 자존심과 자아개념이 필요하다. 비즈니스맨이 무감각한 적대감을 대응해야 하는 것은 일상의 일이기 때문이다.

자신의 가치에 자부심

동기유발에는 스스로 자신에 대한 자부심이 중요하다. '경영컨설팅의 아버지'로 불렸던 마빈 바우어는 맥킨지를 최고의 경영컨설팅 회사로 발전시켰다. 마빈은 자부심을 강조했다. 자부심은 돈으로 얻을 수는 없는 귀중한 것이다. 미 해병대는 자기훈련에서 생성된 자부심 주입을 통해 동기를 부여한다. '한 번 해병은 영원한 해병'이라는 구호는 무형의 가치기준과 인간의 감정을 토대로 유발되는 자부심이다.

옳은 것에 대한 믿음과 헌신의 정신은 자부심의 원천이다. 이러한 자부심이야말로 우리의 노력에 박차를 가하는 요소라는 사실이다. 비즈니스맨이 자신의 가치에 대한 자부심을 갖지 않는다면 결코 성공하기 어렵다. 고객들은 자신의 가치에 자부심이 없는 사람을 더욱 냉대할 것이기 때문이다. 사람들은 자부심을 가질 때, 일이 재미있고 의미 있을 때, 인정받을 때, 가장 열심히 일한다. 요컨대, 자신감과 자부심은 더 큰 성취를 이루는 밑바탕이다.

인간의 약점으로 인해 후광효과가

사회심리학자 엘리엇 애론슨은 "인간은 합리적인 존재라기보다는 합리화하는 존재"라고 말했다. 제1차 대전 중 미국의 심리학자 에드워드 손다이크는 상사의 부하 평가방식을 연구했다. 그는 '탁월한 군인'으로 생각되는 일부 사병들은 모든 면에서 높게 평가되었고, '평균 이하'라고 생각되는 사병들은 모든 측면에서 낮게 평가되었다'는 사실을 알게 되었다. 이를 후광효과라고 불렀다. 이러한 심리현상은 신뢰할 만한 단서를 토대로 추론하는 인간의 속성 때문인 것이다. '후광 효과'란 그 사람의 특징이나 배경이 평가에 영향력을 발휘하는 것을 말한다. 이는 기억의 조작성이라고 한다. 에디슨은 "보통 사람들은 자신이 본 사물 중에서 1/1000도 정확하게 기억하지 못 한다"라고 말했다. 이러한 인간의 약점으로 인해 후광효과가 종종 나타나는 것이다.

연구에 의하면, 똑같은 성적을 올린 두 개의 그룹에 대하여, 한 그룹에 대해서는 "잘했다"는 칭찬을 하고, 다른 그룹에 대해서는 "잘못했다"는 질책을 했다. 그 결과, '잘했다'는 칭찬을 받은 그룹에 대해서는 "아주 협력적이고 커뮤니케이션을 잘했으며, 동기부여가 잘 되었다"고 평가했고, '잘못했다'고 질책을 받은 그룹에 대해서는 "응집력이 부족하고 커뮤니케이션이 잘 이뤄지지 않았으며, 동기부여가 낮았다"고 평가되었다. 이는 후광효과가 작용한 것이다. 인간은 같은 상황에 대해서도 어떻게 생각을 하느냐에 따라 자신의 판단을 달리한다는 것이다. 그러므로, 자신감만을 가지고는 완전한 정신 자세를 갖추었다고 볼 수 없다. 이에 대응하는 '겸손함'이 이에 맞추어 갖추어져야만 균형을 이루는 정신 자세를 갖추게 되는 것이다.

비즈니스에서 균형감을

사업의 성패는 '절대적 성과'가 아니라 항상 경쟁 환경에서 결정된다는 사실이다. 즉 상대적이라는 것이다. 사업의 성공은 그냥 일을 잘 하는 게 아니라 경쟁자보다 잘한다는 것을 의미한다. 인간은 종종 원인과 결과의 어느 것이 중요한지 혼동한다. 그러므로, 비즈니스에서 균형감을 가지고 지속적인 성공의 길에 있기 위해서는 자신감과 겸손함 두 가지를 모두 갖추어야 한다. 아무리 자신감이 있어도 이에 따르는 함정이 있기 때문이다. 이러한 함정에 빠지지 않기 위해서는 이를 보완하는 것 즉 겸손함이 동시에 작동해야만 하는 것이다.

사람들은 승리의 원인은 자신에게 있다고 생각하고 패배의 원인은 외부에 있다고 생각하는 경향이 있다. 학생들은 '아는 문제가 나오면 자신이 똑똑해서 답을 맞혔다고 생각하고, 모르는 문제가 나오면 선생의 가르치는 방법에 문제가 있었다고 탓 한다'는 것이다. 이러한 경향도 인간의 심리적 약점에서 나오는 것이다. 보스턴 필하모닉 오케스트라 지휘자 벤저민 젠더는 "책임의식은 모든 것이

내 탓이라는 개념이다."라고 말한다. 이해타산적인 세계에 살고 있는 우리는 모든 일을 잘했거나 잘못했거나 둘 중 하나라는 이원론적 사고방식에 젖어 있다는 것이다. 인간은 자신의 행동에 대해 책임을 지겠다는 생각을 통해서만 자신감을 회복할 수 있다는 사실이다. "내 인생의 모든 일의 책임은 나에게 있다!"라고 다짐하는 것에서 모든 것이 비롯되는 것이다.

자기 가치를 타인에게 맡겨서는 안 된다

극작가 조지 버나드 쇼는 "숙녀와 꽃 파는 소녀의 차이는 그들이 어떻게 행동하느냐가 아니라 어떻게 대접받느냐에 따라 달라진다."고 말했다. 같은 소녀가 상대의 '대접'에 따라 가치가 달라진다는 것은 인간 사회의 모순이며 함정이다. '숙녀'라고 인정받은 여인은 우쭐댈 가능성이 있고, '꽃 파는 소녀'로 인정받은 여인은 비참한 감정을 갖게 된다. 이는 결코 정당한 것도 절대적으로 옳은 것도 아니다. 가치가 높은 비즈니스맨이 몰상식하고 안목이 없는 고객에게 푸대접을 받았다고 '꽃 파는 소녀'가 될 수는 없다. 반대로 별 능력도 없고 가치 없는 비즈니스맨이 우연히 '숙녀'로 대접을 받았다고 영웅이 되는 것은 아니다.

세상은 냉정한 곳이며 반드시 선이 이기는 것도 아니라는 사실이다. 그러므로, 비즈니스맨은 자신의 가치에 대한 평가를 타인에게 맡겨서는 안 된다. 스스로 자신감을 되찾고 스스로 능력을 발휘할 기회를 꾸준히 찾아야 한다. 그러면 '꽃 파는 소녀'에서 어느 날 '숙녀'로 변신한 자신을 발견할 수 있을 것이다.

냉철한 사고와 확률평가

전 미국 재무장관 로버트 루빈은 골드만삭스에서 26년 동안 근무했다. 그는 '확률적 의사결정'을 추구한다. 루빈은 자신의 결정 중에서 대략 7건 가운데 하나의 거래가 잘못될 가능성이 있음을 알고 있다. 루빈은 '복잡성과 불명료성을 존중하고, 호시절에 겸손하고 불운한 시기에서 배운다'는 태도를 갖고 있다. 비즈니스에서는 냉철한 사고와 확률평가가 중요하다.

성공은 상대적이며 무엇인가를 결정하면 집요하고 일관성을 가지고 실행해야 한다. 루빈의 이러한 태도는 그가 미국의 재무장관이 된 후에도 여전하였다. 그는 많은 정책적 결정을 내리면서 자신의 자신감에만 의존하지 않았다. 오히려 겸손함을 가지고 실패할 가능성을 염두에 두면서 자신의 능력을 발휘했다. 비즈니스맨은 왜 자신감만이 아니라 겸손함을 반드시 겸비해야 하는 것임을 깨달아야 길거리에서 자지 않는 사람이 될 것이다.

극단적인 해법이 되기 십상

제임스 루카스는 루먼 컨설턴트 인터내셔널의 회장이며 최고경영자이다. 루카스는 우주항공과 의료정밀기기 설계제조업체의 최고경영자와 홀마크 카드 등에서 경영진을 역임했다. 제임스 루카스는 "마케팅을 효과적으로 수행하려면 여러 아이디어를 분별력 있게 균형을 잡을 수 있어야 한다. 그렇지 않으면 극단적인 해법이 되기 십상이다. 경합하는 아이디어를 놓고 높은 차원에서 균형을 맞추는 것이다."라고 말한다.

수많은 아이디어 중에서 장기적인 가치를 지닌 것으로 입증되는 아이디어는 극소수에 불과하다. 비즈니스맨이 확률적으로 성공자의 반열에 드는 가장 좋은 방법은 불필요한 리스크를 제거하는 것이다. 여기에는 균형 잡힌 사고력 즉 자신감과 겸손함이 겸비된 상태에서의 사고력이 필요하다.

현실적인 낙관주의자가 되어야

비즈니스맨으로 성공하려면 현재를 열정적으로 살아야 한다. 노벨경제학상 수상자인 하이에크는 "우리는 우리가 만들어낸 생각의 포로다."라고 말했다.

따라서 우리가 균형 잡힌 생각을 하지 않으면 잘못된 인생을 살

수 있다. 현명한 방식으로 살려면 비즈니스맨은 현실적인 낙관주의자가 되어야 한다. 그리고 상상과 실제적인 노력을 결합해야 한다. 현재는 질서를 의미한다. 미래는 변화를 의미한다. 하나가 아니라 두 가지 면 모두가 우리에게 균형을 잡게 하는 요인인 것이다.

옛날 그리스의 철학자 아리스토텔레스는 "우리는 우리가 반복적으로 행하는 바로 그것이 된다. 중요한 것은 행동이 아니라 습관이다."라고 말했다. 사람들의 생각과 행동은 습관으로 굳어져 있는 것이 일반적이다. 세계적 골퍼 아놀드 파머는 어느 여자가 "나도 언젠가는 멋지게 골프를 칠 수 있도록 노력을 다할 것입니다"라고 말하자, "아니오, 당신은 그렇게 하지 않을 것입니다. 당신이 만약 그렇게 할 것이라면, 지난 30년 동안 부인은 저처럼 매일 아침 5시에 일어나 아침을 먹기 전까지 200타는 쳤겠지요"라고 말했다고 한다. 습관으로 굳어지지 않으면 결코 지속적인 행동으로 이어질 수 없다는 것이다.

열심히 노력하면 누구나 뛰어난 실력을 가진 전문가적 비즈니스맨을 될 수 있을까? 아마 그럴 가능성은 크지 않을 것이다. 왜냐하면 단순히 열심히 노력하는 것으로는 부족하다. 끊임없이 지속하여 습관으로 되지 않으면 안 되기 때문이다. 뛰어난 비즈니스맨은 하루아침에 이루어지지 않는다는 사실이다. 뛰어난 비즈니스맨은 그러한 경지에 올라갈 때까지 자신을 돌아보며 겸손함을 바탕으로 끊임없이 지속적인 수련을 하였다. 그 결과 자신감을 획득했던 것이다. 비즈니스를 쉽게 생각하고 단숨에 무엇인가를 이루려는 사람은 큰 실패가 곳곳에 깔려 있다는 사실을 명심해야 한다.

살아남은 자가 우승한다

보 피바디는 인터넷 커뮤니티 트라이포드사의 설립자이며 최고 경영자로서 크게 성공을 거두었다. 그는 대학을 졸업하던 1994년, '트라이포드'라는 이름의 신생 인터넷 기업을 만들었다. 보 피바디는 6개의 회사를 차리는 동안 천 번도 넘게 문전박대를 당했다고 한다. 신생 기업의 경영자로서 그의 힘은 종교와 같은 신념을 갖고 혼신을 바쳐 일하는 노력뿐이었다.

보 피바디는 동료들에게 "위대함을 추구하다가 좋은 것을 망치지 마라."라고 얘기했다. 그에게 있어 '위대함이라는 것'은 대부분의 기업가들이 추구해서는 절대로 안 되는 덕목이었다. 보 피바디는 "비즈니스에서는 결국 실수를 가장 적게 하고 죽지 않고 살아남은 자가 우승한다."라고 말한다.

결심하기 전에 의심했다는 것

현실에서, 개점한 레스토랑 중 다섯 곳 중 네 곳은 문을 닫는다고 한다. 이들이 문을 닫는 이유는 레스토랑 창업자 열 명 중 여덟 명은 애당초 레스토랑 사업에 뛰어들어서는 안 되는 사람들이었기 때문이다. 레스토랑 사업에는 임대료 협상, 관련 법규준수, 주류판매 면허, 재고관리, 직원 격려 등 운영에 꼭 필요한 자질과 연결된 것들이 많이 있다. 이것들을 잘 하지 않으면 망한다.

성공한 사람들의 공통점은 결심하기 전에 의심했다는 것이다. 비즈니스맨은 자신에게 엄격한 사람들이 성공할 확률이 높다. 성공은 무엇이 되겠다고 결심하는 사람보다는 자신의 능력을 끊임없이 의심하는 사람에게 찾아올 확률이 높다는 사실이 입증되었다.

회사의 명성이 품질을 보증

비즈니스맨에게 '자신감'은 매우 유용한 무기이다. 이는 자신이 하는 일의 신념을 갖게 하며, 투자자를 설득할 수 있는 자신감을 주고, 당당하게 행동할 수 있는 용기를 불어 넣어 준다. 그러나 한편으로 자아를 통제하는 것이 중요하다. 자아를 통제하는 지혜를 통해 행운과 능력을 구별해야 한다. 이는 겸손함이 요구된다는 것이다.

동기 부여 중 가장 중요한 것은 자기가 잘 할 수 있다고 믿는 자각이라고 한다. 자동차 판매왕이었던 조 지라드는 회사의 지명도는 고객에게 신뢰를 주고 비즈니스맨의 자신감을 확보하는 데 도움이 된다고 했다. 지라드는 "당신 회사의 명성이 품질을 보증해 준다는 사실을 알고 나면 고객은 이미 반쯤은 물건을 산 것이나 진배없다. 당신이 만약 회사의 강점을 팔지 않는다면 그건 실수하는 것이다"라고 말했다.

비즈니스의 방파제

유능한 비즈니스맨은 가장 좋은 회사에서 일하는 것이 가장 유리하다는 것을 알고 있다. 뛰어난 회사란 결국 경영자가 뛰어난 경영을 하는 회사이다. 초우량기업들은 기술적인 점보다 신뢰성이란 점에서는 뛰어나다는 것이다. 자신의 회사가 뛰어난 회사라는 자신감이 있을 때 비즈니스맨은 비즈니스에서 의미 있는 활동을 할 수 있다. 즉 자신감을 가지고 비즈니스를 하게 된다.

세일즈 일을 해보려는 젊은이들이 어떤 회사를 선택하는 것이 좋겠느냐고 물어오면 지라드는, "서비스 지향적인 회사를 선택하는 것이 중요하다"고 강조했다고 한다. 그는 "그 회사가 판매 후에 서비스를 어떻게 해주는가를 알아보라. 그 회사는 우편물 수취인 명부를 만들어서 질문서를 보내는가, 제품의 품질을 개선하기 위한 정보를 얻으려고 애쓰는가, 그래서 서비스를 개선하기 위해 노력을 하는가를, 또 서비스 부서에서 일하는 사람들은 어떤 평판을 얻고 있는가를 알아보아야 한다."라고 말했다.

본질적인 긴장이 유지되는 회사

어떤 회사는 서비스 부서가 아예 없거나 잘해야 전화서비스 센터의 전화번호를 일러주는 것이 고작이다. 그러면 전화서비스 센터에서는 거꾸로 서비스 부서가 있는 지방 영업소를 알려 준다. 조 지라드는 세일즈맨들에게 "이런 회사에는 근처에도 가지 말라"고 충고하고, 고객들에게도 "그런 회사의 제품은 절대 사지 말라"고 말하였다고 한다.

뛰어난 회사들의 공통성은 자율적인 기업가 정신과 엄격한 규율 수행을 강조한다. IBM사에서는, " 'IBM이란 서비스인 것이다'는 가르침에 위반하면 회사의 신분보장 계약이 어떻게 되어 있더라도 작업장에서 쫓겨나게 된다"고 한다. 3M은 최고경영자는 현장의 세일즈맨에서부터 출발한 사람이고 그러기 때문에 최고경영자가 고객의 문제를 잘 알고 있다는 것이다. 이러한 회사는 본질적인 긴장이 유지되는 회사인 것이다.

자신감만이 아니라 겸허함을

필자가 2002년 방문했던 일본의 주식회사 메이난기계제작소는 비즈니스맨이 일할 만한 뛰어난 가치를 가진 회사이기에 소개하고자 한다. 나고야에서 1시간 정도의 지방에 소재한 100여명 규모의 중소

기업인 이 회사는 1963년부터 일주일에 4시간은 학습 시간으로 정하여 40년 이상 실천해 오고 있다. 이 회사는 끊임없는 학습과 연구를 통하여 매년 특허가 60-70건씩 새로 나온다. 이 회사는 그 중 시장성이 있는 것을 상품으로 개발하여 전세계에 수출하고 있다. 1952년 창립 이래 단 한 번의 적자도 없었다고 하는 이 회사는 불황이 지속되는 일본에서도 탁월한 경쟁력으로 흑자경영을 지속하고 있다.

이 회사의 하세가와 회장은 지속적인 학습활동이 "정신 활력, 정신 긴장감, 자신감을 갖게 해주며, 생각이 경직되지 않고 겸허한 마음을 준다."고 말한다. 이 회사는 회장 이하 모든 임직원이 비즈니스맨이라는 사고방식이 투철하며 고객의 이익을 우선 생각한다는 점이다. 이처럼 뛰어난 회사의 임직원들이 겸허함을 갖추고 있다는 것은 의미 있는 일이다. 메이난기계제작소의 임직원들을 자기 회사에 대한 자부심이 대단하다. 비즈니스맨은 자기 자신만이 아니라 일하는 회사에 대한 자부심이 있어야 힘을 얻게 되는 것이다.

자기 상품에 대한 자신감

비즈니스맨은 고객에게 "이 상품은 당신에게 이익이 된다"는 말을 할 수 있어야 한다. 세계적인 증권중개인 마틴 샤피로는 "당신이 만약 성공하기를 바란다면 제일 먼저 물건을 팔아야 할 대상은 바로 당신 자신이다. 나는 판매원들이 상품에 대해서 완전히 알고 그 상품에 대해서 강한 확신을 가질 수 있는 방법을 터득할 때까지 공부하고 조사하고 모든 투자 상품을 분석해야 한다고 믿는다."라고 말했다. 진정한 확신은 비즈니스하는 사람이 자기 제품의 가치를 확실하게 믿고 고객에게 그 가치를 제공해 주려고 할 때 생겨난다.

비즈니스맨은 그 많은 자기 회사 상품 중에서 고객에게 가장 이익이 되는 경쟁력 있는 상품만을 제안할 수 있어야 한다. 현실적으로, 이것을 제대로 실천하는 비즈니스맨이 별로 없다는 것이 큰 문제이며 비즈니스맨이 장기적으로 성공하지 못하는 이유의 하나이다. 고객이 경쟁력이 없는 다른 상품을 요청하면 비즈니스맨은 "죄송하지만, 그 상품은 제가 권해드릴 수가 없습니다. 고객님에게 가장 가치 있는 상품이 아니기 때문입니다"라고 말해야 한다. 그러한 대답에는 충분한 근거를 제시할 수 있어야 한다. 장기적인 성공과 신뢰, 전문가로서의 명성을 확보하려면 반드시 가치 있는 상품만을 제시해야 한다는 점이다. 비즈니스맨은 자신의 사업과 상품에 대해 열정적이어야 한다. 이는 비즈니스맨의 자신감의 한 부면이다.

한쪽만이 아니라 양면을

맨프레드 켓쓰 브라이스는 경영대학에서 강의를 하는 정신분석학자이다. 그는 "건전한 자기도취는 인간으로서 필요한 것이다. 자기도취는 양면성을 가지고 있으며 성공에 큰 기여를 할 수 있다. 더

불어 충동을 억제할 수 있는 능력, 자기 통제력이 매우 중요하다." 라고 말한다. 이는 건전한 자기도취 즉 자신감이 필요함과 동시에 자기 통제력 즉 자신을 겸손하게 억제할 수 있는 능력이 필요하다는 것이다.

마더 테레사 같이 이기심이 극히 적은 사람도 "내 안에 간디와 히틀러가 함께 있다"고 말한다. 인간은 본래 이처럼 한쪽만이 아니라 양면을 갖고 있는 것이 자연적인 것인지 모른다. 그래서 인간의 성격을 "지킬박사와 하이드"로 비유하기도 한다. 한쪽으로만 치우치는 것은 오히려 위험할 수 있다. 아무리 자신감이 넘치는 사람도 이를 보완하는 겸손함이 없다면 쓰러질 수 있는 것이다.

대인관계 기술의 부족

경영자의 실패는 대부분 대인관계를 다루는 기술의 부족 즉 사람을 효과적으로 활용하지 못한 때문이라고 한다. 일벌레들은 대부분 공격적이고 내부에 적개심을 갖고 있다. 이들은 다른 사람들도 혹사시키며 고집이 세고 화를 잘 내며 독선적이고 불안감을 갖고 있다. 일종의 병리현상이다. 비즈니스에서 장기적으로 성공하는 사람들은 일벌레들처럼 공격적이고 적개심을 가지고 있는 사람들이 아니다. 오히려 자신감과 겸손함을 겸비하여 마음의 여유를 가질 수 있는 사람들이다.

제8장

끊임없는 변신

능력계발이라는 뒷받침

세일즈 전문가인 아트 링크레터는 "톱 세일즈맨이란 반드시 능력계발이라는 뒷받침이 있어야 달성될 수 있다. 공부를 중단해선 안 되는 것이 세일즈맨이다. 변화와 기술에 보조를 맞출 수 있어야 한다."라고 말한다. 이는 비즈니스맨은 끊임없이 자신을 향상시켜야 함을 강조한 것이다. 사회가 변하고 시장이 변하고 있으므로 비즈니스맨 자신이 이에 대응하여 변화하지 않는다면 사실은 퇴보하고 있는 것이다.

미국의 비즈니스맨 인구는 1,700만 명이 넘는다. 그 중 프로로서 인정할 수 있는 사람은 10% 정도에 불과하다고 한다. 프로 비즈니스맨은 다른 사람을 돕는다는 목적을 위해 자신을 헌신하는 사람들이며 진실한 윈-윈 상황을 도출한다. 시장에서 생존하려면 끊임없이 배우고 연습을 해야 한다. 유능한 세일즈 매니저는 기술 향상을 위한 교육을 꾸준히 실시하고 훈련시킨다.

인쇄공에 머물지 않고 끊임없는 변신

벤저민 프랭클린은 미국의 정치가, 과학자, 출판업자였다. 그는 초등학교도 제대로 나오지 못한 학력으로 인쇄소 견습공으로 사회생활을 시작했지만 미국의 국장으로 땅에 묻혔다. 그는 미국 실용주의의 교사로 불리기도 한다. 그의 인생은 실용주의적인 가치관으로 일관되어 있고 이를 실천하였다.

프랭클린은 자서전에서 "나는 거의 밤을 새다시피 하며 책을 읽기도 하였다. 이런 연습이나 독서는 밤이나 아침에 하였다. 일요일에는 인쇄소에 혼자 남아서 공부에 열중했다. 계산이라면 질색이었던 나는 코커의 산수책을 가지고 공부하자 아주 쉽게 혼자서 계산할 수 있었다. 항해 서적도 읽으면서 기하학도 다소 알게 되었다. 로크의 '인간오성론'과 폴 로얄 파의 '사고의 방법'도 읽었다. 영문법 책도 읽었고 '소크라테스의 추상록'이란 책도 읽었다."라고 말하고 있다. 프랭클린이 단지 인쇄공에 머물지 않고 끊임없는 변신을 거듭한 것은 그에게 큰 성공의 원동력이 되었다. 비즈니스맨으로서 그는 위대한 성공자였다. 그가 많은 돈을 벌었기 때문이 아니라 끊임없이 자신을 향상의 길로 전진시켰기 때문이다.

학습하면서 자기 성찰을

프랭클린은 처음에 독단적인 태도를 가지고 있었다. 그것은 그의 사업에서만이 아니라 인간관계에서도 걸림돌로 작용했다. 그는 책을 통해서 자신을 반성하고 정신적 자극을 받으면서 스스로를 변화시킬 수 있었다. 프랭클린은 "나는 덮어놓고 반박하는 것을 피하고 소크라테스의 논법에 따라 상대방의 말에 질문을 하거나 의문을 표시하는 방법을 쓰기로 하였다. 나는 토론에서 자기의 관점을 확실히 인식시키고 상대방을 크게 난처하게 만드는 방법을 알게 되었다. 나는 몇 해 동안 이 방법으로 토론을 즐겼다."라고 말했다.

프랭클린은 끊임없이 학습하면서 자신에 대한 성찰을 하게 되었다. 그의 '잘난 토론의 방법'은 문제가 종종 발생하였다. 그는 반성했다. 프랭클린은 "그러나 나는 수년간 이 방법을 쓰다가 점점 쓰지 않게 되었다. 그리고, 가장 겸손한 말로 내 의견을 말하는 습관을 갖게 되었다. 가령 '꼭'이라든지 '의심할 여지없이' 따위와 같은, 의견에 단정을 내리는 느낌을 주는 말은 전혀 쓰지 않게 되었다. 그 대신 '나는 이러이러하다고 생각한다.', '글쎄 내게는 그렇게 생각된다.', '그렇기 때문에 나는 이렇게 생각한다.', '나는 이렇게 되리라고 믿는데' '만일 내게 잘못이 없다면 이러할 것이다.' 라는 투의 말을 쓰게 되었다. 이 습관은 내 의견을 잘 납득시켜서 찬성을 얻는데 매우 유익하였다고 믿는다."라고 밝혔다. 그가 자신을 반성하고 변화시키는 자세를 가졌기에 비즈니스맨으로서도 성공의 길을 걸을 수 있었다. 나아가 정치가, 과학자로서도 실력 있는 인물로 활약할 수 있었다.

인쇄공에서 정치가로 과학자로

프랭클린은 필라델피아에서 직공생활을 하고 있었다. 그는 이미

인쇄 기술을 가졌고 자기 딴에는 일류 직업인이라고 자부하고 있었다. 그는 하루도 결근하지 않고 일했기에 주인의 눈에 들었다. 다른 사람들보다 식자가 빨라서 급한 일거리는 모두 프랭클린에게 맡겼다. 이것은 대단한 수입이 되었다. 1726년에 프랭클린과 알게 된 여러 사람 중 측량감독관 아이작 디코우 노인은 "자네는 머지않아 필라델피아에서 한밑천 잡을 것으로 보이네."라고 말하기도 했다. 그가 인쇄업자인 키머보다 책을 더 많이 읽었기 때문에 여러 사람에게서 인정을 받게 되었다.

당시 베어드 박사는 "나는 프랭클린이란 친구처럼 일하는 사람을 본 적이 없네. 밤에도 일을 하고 근처 사람들이 일어나기 전부터 일을 하고 있다네."라고 말하기도 했다. 근면과 공부가 프랭클린에게 큰 힘이 되었다는 사실이다. 그는 상인으로서의 신용과 평판을 높이기 위해 열심히 일했다. 옷도 수수하게 입고 게으른 자들이 드나드는 장소에는 얼씬도 하지 않았고 낚시며 사냥 같은 것도 하지 않았다.

프랭클린은 상인의 분수를 지키고 굳게 장사를 한다는 것을 보이기 위해서 도매상에서 산 종이를 손수레에 싣고 읍 한가운데를 지나 집에 돌아올 때도 있었다. 이러한 자기성찰과 끊임없이 향상의 길로 변신하는 프랭클린은 비즈니스맨으로서 큰 성공을 거두었다. 그는 42세에 막대한 재산을 축적할 수 있었는데, 그 후의 42년간의 여생은 정치가로서 과학자로서 사회에 큰 발자취를 남긴 행복한 인생을 살았다. 오늘날에 벤저민 프랭클린이 태어나 그와 같이 끊임없이 향상의 변신을 추구한다면 누구보다도 유리하게 뛰어난 비즈니스맨이 되었을 것이다.

자신의 가치를 입증하기 위해

배리 마허는 GTE를 비롯한 여러 회사에서 유능한 비즈니스맨으로 활약했다. 그는 현재 300개가 넘는 유수의 기업에서 세일즈 컨설턴트 및 강사로 활동하고 있다. 배리 마허는 "나는 판매기업에 입사하여 단순히 다음 방문 때는 최선을 다 한다는 목표를 실천하였다. 결국 나는 최고의 실적을 올릴 수 있었다."라고 말한다. 그는 노트르담 대학 4년 동안 매우 궁핍하게 지냈다. 30세가 되었을 때 배리 마허는 무일푼이 되어버렸고 결국 파산했다.

그러한 역정을 겪은 그가 재기하여 뛰어난 비즈니스맨이 된 것은 간단한 원칙을 실천한 것에 바탕을 둔 것이다. 배리 마허는 "고객들은 상품만이 아니라 판매원의 신뢰를 구입하는 것이다. 자신의 가치를 입증해야만 한다. 학습과 자기계발, 계속해서 배우고 성장하지 않으면 정체되는 것이다."라고 말한다. 그는 단순히 열정이나 성의만으로는 비즈니스맨으로 성공하기 어렵다는 것을 깨달았다. 그래서 자신의 가치를 입증하기 위해 학습과 자기계발, 계속해서 배우고 성장하는 데에 전력을 다하였다. 요컨대 향상과 변신을 추구하였던 것이다.

배리 마허는 모든 비즈니스맨은 잠재 고객과 치르는 논쟁에서 결코 이길 수 없다는 사실을 알게 되었다. 그래서 그는 자신이 전문가로서 인정받아야 한다는 것을 깨달았다. 전문가로 인정받는 것은 오만이 아니라 자기확신이다. 그는 "비즈니스맨은 고객에게 자신과 거래할 수 있게 된 것이 행운임을 주장할 수 있어야 한다."라고 말한다. 이는 끊임없이 자신을 향상시켜 나아갈 수 있는 비즈니스맨만이 할 수 있는 주장이다.

개선하고 또 개선해야

칼 소웰은 1967년부터 아버지가 경영하는 '소웰 빌리지 캐딜락'사에 입사하여 자동차 판매 및 서비스업에 전념해 1987년도에 '타임'지로부터 최우수 딜러상을 수상했다. 그는 현재 소웰 빌리지 캐딜락사, 소웰 렉서스사, 소웰 캐딜락-시보레사, 소웰 뷰이크-현대사의 회장이다. 그가 회사를 경영하면서 비즈니스맨으로서 끊임없이 자신과 임직원들의 변신을 위해 헌신한 사례를 보면 독자들은 공감할 것이다.

소웰은 "고객이 무엇인가를 부탁하면 대답은 언제나 '예스'이다. 고객 서비스는 하루 24시간의 일이다. '시간이 지나서'라고 거절해서는 안 된다."라고 말한다. 그의 회사에서 고객이 부탁하는 것에 '노'라고 대답하는 임직원은 더 이상 출근하지 않아야 한다. 하루 24시간 내내 고객의 모든 요구에 적극적으로 호응하는 자세는 비즈니스에서 매우 큰 도전이다. 소웰은 이러한 도전에 임하여 전력을 다하였고 그의 회사는 1987년도에 '타임'지로부터 최우수 딜러상을 수상했을 만큼 우수한 비즈니스 업체가 되었다.

소웰은 "우리 회사는 전사원이 고객 서비스 담당자이고 문제에 대한 책임과 권한이 있다. 최우선 사항은 고객 서비스이다. 개선하고 또 개선해야 한다. 지속적인 개선이 절대적으로 필요하다."라고 말한다. 끊임없이 개선하고 또 개선하려는 그의 열망은 고객의 변화하는 요구에 수준 높은 만족을 줄 수 있었다.

교육을 않고 넘어간 날이 없다

애리 바인츠바이크는 식당 '징거맨'의 공동 창업주이다. 그는 1982년 미시간주 앤아버시에서 두 명의 직원을 데리고 시작한 '징거맨'을 성공시켰고, 현재는 베이커리, 레스토랑, 출장연회 등 푸드 서비스 체인을 운영하는 '징거맨스 커뮤니티 오브 비즈니시즈'의 공동 경영주이다. 바인츠바이크는 "우리가 서비스에 관한 교육을 하지 않고 넘어간 날이 거의 없는 것 같다. 1982년, 내가 폴 새지노와 처음 식당을 시작했을 때 종업원 두 명을 채용했다. 우리 델리(델리

카트슨의 약칭, 미리 조리된 식품을 판매하는 곳) 식당은 35평 가량의 넓이에 좌석이 24개뿐이었다."라고 말한다.

그가 "서비스에 관한 교육을 하지 않고 넘어간 날이 거의 없는 것 같다."라고 말한 것에 유념해야 한다. 바인츠바이크와 그의 동료들은 끊임없이 고객의 요구에 뛰어난 서비스를 하기 위해 매일 매일 향상하려는 노력을 20여 년간 계속하고 있다는 사실이다.

교육하지 않는다면 서비스는 헛것

징거맨 식당은 이제 8개의 사업체에 400여 명의 종업원을 거느린 연간매출 2,500만불 규모의 '징거맨스 커뮤니티 오브 비즈니시즈'라는 기업으로까지 발전하였다. '인크Inc.'잡지는 2003년 징거맨을 '미국 최우량 소기업'으로 선정하였다. 바인츠바이크는 "서비스를 제대로 할 줄 아는 곳이라면 끊임없이 교육시킨다. 효과적인 교육훈련이 따르지 않는다면 제대로 된 서비스를 하겠다는 생각도 헛것이 된다. 끊임없이 가르치고 훈련을 쌓으면 반드시 효과가 있음을 나는 보장한다."라고 말한다. 음식점을 경영하는 경영자로서 그는 끊임없이 향상의 길에서 앞으로 나아가는 것만이 생존할 수 있음을 알았다.

미국에서 1년 안에 90%가 문을 닫는 것이 식당 업종이라는 사실이다. 바인츠바이크와 그의 동료들은 고객들이 그들의 식당을 찾아준 것에 진심으로 고마움을 표했다. 단순히 고마움을 표하였던 것이 아니다. 그들은 탁월한 서비스를 제공하려고 매일 노력했다. 그와 그의 동료들은 그러한 자신들의 서비스 노력에 무한한 자부심을 느꼈다.

한 사람의 손님을 잘 모시는 일이 세상의 전부

바인츠바이크는 "경영층에 있는 사람들이 먼저 고객서비스에 솔선수범해야 한다. 그러기 위해서는 직원들에게도 서비스를 잘해야 한다는 사실이다. 소위 '섬기는 리더십'이다. 지금 대하는 한 사람의 손님을 잘 모시는 일이 세상의 전부라고 생각해야 한다."라고 말한다. 징거맨 식당은 교육을 통해 직원들이 의욕을 지니고 도전할 수 있게 도와준다.

그들은 출판물들을 읽고 각종 회의에 참석하며 좀더 알기 위해 공부한다. 단순한 비즈니스라고 생각되는 작은 음식점이 끊임없이 서비스를 향상시켜온 결과, 20여 년의 많은 도전을 이겨냈다는 사실이다. 음식점 경영도 비즈니스이며 여기에 종사하는 사람들은 모두 비즈니스맨이다. 비즈니스가 크건 작건 끊임없이 향상을 위한 변신은 생존의 절대적인 조건인 것이다.

기본을 잘했다는 공통점

브라이언 셔는 호주의 인기있는 마케팅 전문가이다. 그는 뉴사우스웨일즈 대학에서 마케팅을 전공한 후, 호주의 비전출판사 사장으로 있다. 브라이언 셔는 "성공한 사람들을 찾아보면 그들은 기본을 잘했다는 공통점이 있다. 유명 운동선수들은 기본을 되풀이하여 연습했다."라고 말한다. 그는 다음과 같은 결론을 도출했다. "기본이 무엇인지 배우고 연습하여 잘 활용하면 성공은 찾아온다."

끊임없는 변신에는 연습이 관건이다. 연습은 능숙하게 되는 것과 유창함 교육의 열쇠이다. 대부분의 운동 수업에서 완전히 습득하려면 약 300번의 반복이 필요하다고 한다. 플로리다 주립대학의 앤더스 에릭슨 박사는 전문가가 되기 위해서는 최소한 10년이 걸린다는 것을 발견했다. 에릭슨은 전문가 수준에 도달한 사람은 적어도 1만 시간 동안 집중적으로 훈련을 해왔다고 한다.

끊임없는 연습이 96%를 차지

에릭슨은 성과 편차의 96%가 용의주도한 훈련에서 나온다고 주장한다. 타고난 재능을 포함해 나머지 요인은 4% 미만이라는 셈이다. 강화된 반복의 횟수가 학습에 매우 중요한 요소라는 사실이다. 더 많이 반복할수록 강화가 늘어나며, 더 빨리 배우고 더 오래 보유

할 수 있다.

기업들은 계속해서 직원들을 교육시켜야 한다. 요컨대, 끊임없이 향상을 위한 연습을 하는 비즈니스맨은 대부분 뛰어난 비즈니스맨이 될 수 있다는 것이다. 중요한 조건은 '끊임없이 향상하는 습관을 얻어야 한다.'는 것이다. 왜냐하면 "타고난 재능을 포함해 나머지 요인은 4% 미만"이며 끊임없는 연습이 96%를 차지하고 있기 때문이다.

아메리칸 익스프레스의 전임 최고경영자인 제임스 로빈스는 "메시지의 일관성이 가장 중요하다"라고 말했다. 이는 경영자의 일관된 메시지가 임직원들에게 미치는 영향력이 강력할 수 있다는 것이다. 비즈니스를 끊임없이 향상되고 변신하게 하려면 경영자는 일관된 메시지를 지속적으로 반복해서 말해야 한다. 지속성은 위대한 힘이 있다. 이는 습관의 기본적 요소가 되며 관성의 힘을 증가시킨다. 향상의 관성이 이루어지면 경영은 큰 힘이 없이도 잘 돌아가게 되는 것이다.

20년이 넘게 고객 서비스 기준을 실천

싱가포르에어라인(SIA)는 세계 항공사 중 가장 우수한 서비스를 자랑한다. "사람이 싱가포르에어라인의 가장 큰 자산이다"라고 대표이사인 지 필레는 말한다. 이 항공사는 1년에 고객 서비스 교육을 포함해 교육에 직원 당 약 3,700불 이상을 사용한다. 최근 1년 동안 약1억 불을 사용했다. 20년이 넘게 이 항공사는 고객 서비스 기준을 제시하고 실천하였다. 몇 년이 아니다. 20년이 넘게 지속적으로 고객 서비스를 향상시키기 위한 교육을 지속하고 있다는 사실이다.

이 항공사의 훌륭한 기내 서비스의 열쇠는 집중적인 교육에 있다. 이 회사의 놀랄만한 서비스 실적은 가장 중요한 자산인 인력에 전념을 쏟았다는 데서 나온 것이다. 싱가포르항공사의 1999년 회계 연도 순이익은 3억6백만 불에 달하였고 세계 10대 항공사에 끼게 되었다. 향상과 변신을 위한 노력을 지속할 때만 그 효과가 나타난다. 냄비가 끓듯이 일시적으로 반짝 노력했다가 시들어버리는 것은 아무런 쓸모가 없다는 사실이다.

배움을 목표로

J.R.패리쉬는 미국 조지아 주 메이컨의 빈민가에서 태어나, 갖은 고생을 겪었다. 그는 캘리포니아 프레즈노 주립대학에 진학하였으며 우유보급소에서 일했다. 그 후, 유명 회사의 최고 세일즈맨, 제록스의 프로 세일즈맨을 거쳐, 31살에 실리콘밸리에서 상업부동산을 전문으로 하는 부동산 회사를 설립하여 결국 백만장자가 되었

다. 그는 55살에 은퇴하여 하와이에서 노년을 보내고 있다. 패리쉬는 "나는 나폴레온 힐의 '놓치고 싶지 않은 나의 꿈 나의 인생'과 레스 기블린의 '상대방을 사로잡는 대인관계술' 두 권의 책을 꼼꼼히 연구하고 내면화하도록 이끌었기 때문에 성공할 수 있었다."라고 술회한다.

비즈니스맨으로서 성공자와 실패자의 가장 큰 차이는 그들의 습관에 있다. 경력을 쌓는 과정에서 패리쉬는 책을 읽으면서 반복이 학습에 중요하다는 사실을 깨달았다. 또한 그는 자기 삶의 주체가 되어 원하는 결과를 얻으려면 다른 사람을 대하는 일에 전문가가 되어야 한다는 것을 알게 되었다. 패리쉬는 배움을 목표로 삼았다.

가치를 높이기 위해 부단히 노력해야

패리쉬는 "하루하루를 인생의 마지막 날처럼 살아가는 것이 필요하다. 자신의 가치를 높이기 위해 부단히 노력해야 한다."라고 말한다. 그가 비즈니스맨으로서 성공한 것은 끊임없이 자신을 향상시키려는 단순한 노력을 지속했다는 점이었다. 골프에서 타수를 줄이려면 대단한 인내심과 오랜 연습이 필요한 것처럼, 비즈니스에서도 끊임없이 자신을 향상시키려는 노력이 필요하다. 패리쉬는 "배운 바를 실천해야 한다. 성공하려면 자기통제를 잘 할 수 있어야 한다."라고 말한다.

세븐일레븐의 끊임없는 변신

조직은 항상 안이한 방향으로 쇠퇴

원래 미국의 기업이었던 세븐일레븐은 일본의 유통기업인 이토요가도가 받아들여 일본에서 별도 회사로 설립되었다. 이토요가도 그룹은 유통업계에서 매출규모가 다이에 다음가는 굴지의 그룹이다. 세븐일레븐의 설립 제안자이자 사장으로 경영을 성공적으로 이끈 스즈끼는 샐러리맨으로 '기업내 창업자'로서 세븐일레븐 설립을 제안했고 설립 후 6년이라는 최단기간에 상장기업으로 성장시켰다. "조직은 항상 안이한 방향으로 쇠퇴하여 간다. 사전에 방지책을 마련하는 것이 업무혁신이다"라고 스즈키 사장은 말하였다. 이는 끊임없이 향상을 위한 변신이 필요함을 강조한 것이다.

"시장변화에 대한 대응과 기본을 철저히 하는 것, 그것은 자기혁신과 철저함이다. 나는 경영에서 어떻게든 개선해 나갔으면 하고 생각하면서 일할 뿐이다"고 그는 말했다. 스즈끼 사장은 "현재 일본에서 파파마마스토어는 저녁 7시면 문을 닫고 아침 8시가 되어도 문을 여는 곳이 없다. 시장에서 상점을 경영하는 사람들이 생활인을 무시하고 있으니 상점이 있더라도 없는 것이나 마찬가지인 셈이다"라고 말했다. 여기서 파파마마스토어는 노인들이 동네에서 경영하는 작은 편의점들을 말하는 것이다. 스즈끼 사장은 시대의 변화를 보았고 이에 대응하여 끊임없는 변신만이 성공을 보장한다고 믿었다.

자기가 변하지 않으면 남도 못한다는 것

스즈끼 사장은 처음 시작할 때에 창설 멤버를 모두 미경험자로 조직했다. 당시 7명이던 스탭 전원에게 미래에 대비한 정신적 무장을 시켰다. 스즈끼는 2개의 슬로건 즉 '자기혁신'과 '철저함'을 내세웠다. "고생하면서 한 사람 한 사람이 아이디어와 지혜를 함께 짜내야 한다"는 것이 그의 신념과 지도원리였다. 그의 실행원칙은 극기심과 사업에 대한 충실성이다. 스즈끼 사장은 자기부터 변하지 않으면 남도 변화시키지 못한다는 것을 잘 알고 있었다.

스즈끼는 "실천이 따르지 않는 말로는 아무 것도 변화시킬 수 없다"고 말한다. 그는 미국의 편의점 상위 3사가 모두 도산한 사실을 지적했고, 미국 편의점의 쇠퇴는 자정작용을 잃은 데 그 원인이 있었던 것이라고 생각했다. 시장에서 고객들에게 구태의연하게 '팔고 보자는 식'의 고자세가 자멸을 가져왔다는 것이다.

성공한 이유는 시장의 변화에 대응

미국의 사우스랜드사는 세븐일레븐의 모회사이다. 이 세븐일레븐을 궁리 끝에 일본에 도입한 것이다. 스즈끼의 세븐일레븐이 성공한 최대의 이유는 시장의 변화, 생활인의 욕구에 신속하고 정확하게 대응하기 위해 자기혁신에 철저했다는 데 있다.

스즈끼 사장은 구체적으로 발주 및 발송시스템, 점포종합정보시스템, 온라인 정보네트워크 시스템, 상품개발시스템, 본부경영시스템 등을 지속적으로 혁신해 나갔다. "소매업은 시장의 변화에 신속한 대응을 하는 사업이다. 신속한 대응이 제대로 되기 위해서는 지속적인 자기혁신이 필요하다. 이것을 철저하게 계속 추진해 나가야 한다."라고 그는 말한다.

노하우를 미국에 역수출

스즈끼 사장은 세븐일레븐이 일본에서 크게 성공한 후, 미국에서 특정지역을 설정하여 일본에서 성공한 방식을 실천해 보도록 했다. 장소는 텍사스주 오스틴시의 50개 점포였다. 구체적으로는 첫째, 점포를 새로 단장해서 조명을 밝게 하고 깨끗한 점포로 변신시켜 고객들에게 좋은 인상을 주도록 했다. 둘째, 할인을 일체 중지시켜 가격경쟁을 지양했다. 셋째, 잘 팔리지 않는 상품은 진열대에서 치운다. 그 대신, 신선도와 품질, 맛을 중시한 상품배열과 당일 배송을 의무화하고 맛과 신선도를 균일하게 유지했다. 넷째, 종래는 입고, 배송, 판매라는 3부문의 의사소통이 없었고 '고객의 입장에 선다'는 관점이 부족했는데 이를 구체적으로 개선했다. 다섯째, 각 지구마다 있던 물류센터를 폐지하고 미국최대의 도매업자인 마크레인사와 업무제휴를 해서 입고와 상품공급을 이 회사에서 일괄토록 했다.

이러한 구체적인 혁신작업을 단행하고 고객 지향적인 영업활동을 벌인 결과는 성공적이었다. 전체 미국 소매업이 마이너스 성장을 하던 불리한 환경에서 전년대비 17%의 매출성장을 하고 재정적으로 흑자를 내는 경영의 전환을 이루었다.

통념과 고정관념을 타파

스즈끼 사장은 업계의 통념과 고정관념을 타파했다. 그는 "낭비와 손실을 줄인다. 무리하게 매출을 올리려 하지 않아도 좋다. 현재의 손실을 지금의 1/3로 줄이면 이익은 자연히 2배가 된다"라고 말한다. 기존의 업계에서는 "매출을 올리지 않고 이익을 올릴 수는 없는 것이 아닌가?"라는 통념이 있었는데, 스즈끼는 이를 무시한 것이다. 스즈끼 사장은 "잘 팔리지 않는 쓸모없는 상품을 정리함으로 재고를 줄이고 손실을 최소화한다. 잘 팔리는 상품과 유망상품의 투입과 선전을 통해 매출증진을 꾀한다." 등의 명제를 실행하도록 했다.

스즈끼는 "손실의 원천인 팔리지 않고 사장되는 상품종류는 남김없이 없애고 잘 팔리는 상품은 절대로 품절되지 않게 하라"고 했다. "어째서 와이셔츠 재고가 95일분이나 되는가?"라고 그는 직원에게 물었다. 점포에서 잘 팔리는 사이즈의 와이셔츠는 곧 품절되고 잘 팔리지 않는 것은 언제나 재고공간을 차지하고 있는 것이었다. "잠재수요의 개발과 발굴을 충분히 하지 않기 때문에 상품만 있으면 팔 수 있는 경우에도 판매기회를 놓치게 되어버린다."고 스즈끼는 말한다.

'고객의 입장에서'로 바꿔 생각

스즈끼는 '고객을 위하여'라는 개념을 '고객의 입장에서'로 바꿔 생각해야 한다고 주장한다. 그는 "예전의 판매자측 논리와 언행을 허용해서는 절대로 안 된다"라고 말하고 있다. 또한 각 점포는 상품구성을 1일 3회씩 바꾸도록 철저하게 강조하고 있다. 소비자시장에서 아침, 점심, 저녁에 따라 고객층이 달라지고 찾는 상품종류도 바뀌기 때문이다. 고객의 욕구에 응하기 위해 1일 3회 배달체제를 강행하기도 하였는데 운전사 부족, 인건비와 물류비용의 상승 등의 어려움에도 결국 '소량 다빈도 납품'을 실행하여 신선한 상품구성을 이루었다.

스즈끼 사장은 세븐일레븐의 성공비결에 대해 "그것은 모두가 아마추어였다는 데 있다"라고 단호하게 말한 적이 있다. 그는 "배운다는 마음가짐이 중요하다. 고객이 무엇을 원하는가를 알고자 하는 것이 중요하다"고 말한다. 스즈끼 사장은 점포에 주먹밥을 상품으로 등장시킨 일이 있다. 재료로 사용하는 쌀을 1등급으로 하고 밥솥 온도조절을 컴퓨터시스템으로 하는 독자적 취사시스템을 개발하였다. 그리고, 여기에 가온식 백반 배송차를 도입하여 스테디셀러인 주먹밥 상품을 히트시켰다.

업무혁신에는 끝이 없다

이 회사는 1978년에 발주업무를 위하여 '터미널 세븐'시스템을 도입하였고, 1983년에는 POS(판매시점 정보관리)를 도입했다. 그리고 전자발주를 도입했고, 1985년에는 점포용 정보분석컴퓨터 등을 설치했다. "오후 1시에 결산한 전체 점포의 매출액이 점포별로 나와 저녁 5시에는 자료를 받아볼 수 있다. 가장 뒤떨어진 점포는 어디이고 그 점포는 왜 그렇게 되었는가를 내가 알 수 있으며 점포 사람들 스스로 알 수 있게 되어 있다. 즉각적으로 파악할 수 있다는 점이다"고 스즈끼는 말한다.

스즈끼 사장은 "업무혁신에는 끝이 없다"라고 하며 철저함을 강조한다. 그는 전체 간부의 의식변혁을 지속적으로 촉구하고 있다. 시장에서 사실상의 최대의 라이벌은 시대의 변화 즉 고객 요구의 변화인 것이다.

독특한 '반품금지'

세븐일레븐의 독특한 정책에는 '반품금지'가 있다. 이는 고객이 샀던 상품을 반품할 수 없다는 것이 아니라, 세븐일레븐이 공급업자로부터 공급받은 상품을 반품하지 않는다는 것이다. 스즈끼 사장은 "반품을 통해 누가 이익을 볼 수 있단 말인가? 서로간에 신뢰를 쌓아나가는 긴 거래를 계속하려고 한다면 이것은 절대로 있어서는 안 되는 것이다. 중요한 것은 우선 상대방의 입장을 존중하자는 것이다"라고 말했다.

"메이커와 도매업체에 반품을 했기에 소매업체만은 무사하리라는 사고방식은 근본적으로 문제를 안고 있다. 고객들이 중요하다면 납품업체들도 중요하다"라고 스즈끼는 말한다. '반품금지'를 시행한다는 것은 재고를 모두 손실로 세블일레븐이 부담한다는 뜻이다. 구매 담당자는 정신을 바짝차리고 주문하지 않으면 재고 손실의 책임이 자신에게 있음을 즉각 알게 된다. 정신 긴장감이 항상 살아있는 조직이 그래서 중요한 것이다.

끊임없이 변신하는 조직

스즈끼 사장은 "지금은 가격선전의 시대가 아니라 가치선전의 시대이다. 어떻게 고객의 입장에서 가치있는 상품을 제공할 수 있는가, 잠재수요를 어떻게 현재화시킬 수 있는가가 앞으로의 중요 과제이다"라고 말한다. 세븐일레븐의 어떤 점포는 생선을 전부 냉동하지 않은 '근해산'으로 바꾸었는데 손님들이 한 번 먹어보고는 그 차이를 금세 분간할 수 있었다고 한다.

스즈끼는 "소비자의 니즈에 응하지 못하는 것은 미숙함의 표현일 뿐이다"라고 말한다. 그는 어느 겨울날 오후가 되어 강설량이 증가하자 "장화와 간단한 코트 등 우비 용품을 최대한 확보하도록 하라" 지시를 내렸던 일이 있다. 이 회사의 업무혁신위원회는 간부를 계속해서 재교육하는 자리이다. "해결책은 단 한 가지, 우리들의 사고방식을 근본부터 뜯어고치는 것밖에는 방법이 없다. 우리들 자신부터 변화하지 않으면 안 된다. 유통업은 변화 대응업이다"라고 스즈끼 사장은 지적한다. 요컨대 끊임없는 변신이 필요하다는 것이다.

그는 생존하기 위해서 세븐일레븐의 원래 영업시간은 아침 7시부터 저녁 11시까지였으나 24시간 체제로 변경시켰다. 스즈끼는 상황의 변화에 따라 즉시 변경함으로써 신속대응을 원칙으로 한다. 일례로 1일 4회 배달체제를 지시하였다가 큰 문제점이 발생하자 3회로 즉각 환원 조치했다. 끊임없이 변신하려는 조직은 망할 가능성이 극히 희박하다는 사실이다.

제9장

시장의 개척

서로 돕는 관계의 힘

악어와 악어새의 관계는 상호이익관계라고 할 수 있다. 시장에서 서로에게 이익을 주는 관계란 비즈니스에 매우 소중한 것이다. 꿈같은 얘기이지만, 고객 발굴에 드는 시간과 비용을 줄이고 준비된 사람에게만 마케팅을 할 수 있다면 매우 효과적일 것이다.

금은을 전문적으로 파는 어느 업체는 다이아몬드 판매업체와 제휴하여 서로 고객을 추천하고 소개해 주기로 하였다. 이러한 관계를 통해서 고객들은 저렴한 보석을 구입할 수 있었고 제휴 쌍방 간에 판매실적의 향상이 있게 되었다. 어느 카펫업체는 부동산업체와 제휴관계를 맺었다. 이들은 고객들에게 서로 상대업체를 추천하였고 결과는 서로에게 이익을 추가하였다. 비즈니스맨은 여러 형태의 제휴관계가 형성될 수 있다는 점을 생각하고 효과적인 방법을 모색해야 한다. 이는 시장을 개척하는 중요한 방법이다.

일 대 일 대화가 가장 효과적

미국의 스포츠 마케팅 전문가인 마크 매코맥에 의하면 의사소통의 수단은 다음과 같은 순위로 효과가 있다고 한다. 가장 효과가 있는 의사소통은 첫 번째인 일 대 일 대화라는 점을 유념하여 최고의 의사소통이 되도록 해야 한다. 1. 일 대 일 대화 2. 전화통화 3. 손으로 쓴 편지, 집단토론 4. 광고, 브로셔, 워드로 작성한 편지 5. 대량 인쇄된 편지 6. 길거리 배부 인쇄물의 순서로 효과가 있다는 것이다.

위의 순위를 보면 일 대 일 대화가 가장 효과적이다. 광고는 비용에 비해 그 효과가 매우 저조한 수단임을 생각해야 한다. 많은 돈이 드는 광고에 쓰는 비용이 그만한 가치가 있는지 반성하여 그 효과를 높이는 묘안을 생각해야 한다. 고객과의 대화에서는 상대방에게 예의를 갖추어 질문을 하는 것이 좋다. 고객과의 협상에서는 돈 문제가 제일 먼저 논의되어서는 안 된다. 다른 문제들이 해결된 다음에 거의 마지막 단계에서 적절한 기회에 언급하는 것이 좋다. 새로운 고객을 찾아 나서는 것보다는 이전에 찾아갔던 상대를 다시 찾아가는 것이 훨씬 기회가 많다는 사실이다.

기법을 항상 새롭게 향상시켜야

비즈니스맨은 고객응대 기법을 항상 새롭게 향상시켜야 한다. 고객을 만날 때마다 새로운 정보, 새로운 내용을 제공할 필요가 있다. 매 번 만날 때마다 같은 내용, 같은 정보만을 제시한다면 상대방의 반응을 기대할 수는 없는 것이다. 인터넷이나 다른 출처에서 최소한 1달에 2건 정도의 좋은 정보를 발췌하여 만날 때마다 제공한다면 상대방은 비즈니스맨의 노력하는 자세를 높이 평가하게 된다.

미국의 자동차 비즈니스맨 조 지라드는 15년 동안 1만 3천 대의 차를 팔았다고 한다. 조 지라드는, "내가 단 한 가지 세일즈 기법만 가지고 자동차를 팔았다면 내 판매 경력이 얼마나 보잘것없는 것이 되었을지 생각만 해도 끔찍하다. 내가 한 판매의 거의 반은 첫 번째 판매 시도가 실패한 후에 이루어진 것들이다"라고 말했다. 그는 만나는 고객에 대해서 그리고 상황에 대해서 결론을 내리지 말라고 한다. 그는 비즈니스에서 항상 진실하게 접근하고 확신을 나타내면 고객들의 세일즈에 대한 거부반응은 사라진다고 한다. 지라드는 "어떻게 하면 고객이 올바른 결정을 내릴 수 있도록 안내해서 도와줄까?"하는 식으로 생각했다고 한다. 진실로 고객에게 봉사하고자 하면 고객들도 그것을 알아줄 것이고 비즈니스에 대한 거부반응도 극복할 수 있다.

현명한 선택이라는 확신을

비즈니스맨은 누구나 다 상품을 살 고객이라고 스스로 확신하고 남다른 노력을 해야 한다. 비즈니스맨이 분명히 판매를 성사시킬 것으로 믿게 되면 이는 고객들에게 열정을 불러일으키게 되고 열정은 전염성이 있다. 고객이 말을 할 때 그의 말을 노트에 받아 적으면 고객을 감동시키는 아주 탁월한 방법이라고 한다. 대부분의 최고 비즈니스맨들이 이룬 계약 중 80%는 적어도 한번 이상 거부반응에 부딪친 이후에 계약을 성사시킨 것이다.

비즈니스맨은 고객에게 그가 정말 현명한 선택을 한 것이라는 확신을 심어주어야 한다. 고객은 비즈니스맨이 그 지역사회의 유력한 사람과 거래를 했다는 것을 알면 크게 영향을 받는다. "그 사람들은 유식하고 틀림없는 사람들이다. 그러니 그들이 샀다면 이건 괜찮은 상품임에 틀림없다"고 그들은 생각하게 된다. 비즈니스맨은 자신이 제안한 상품은 고객에게 중요한 것이고 고객이 지금 사지 않으면 안 되는 절박한 이유를 말해주어야 한다. 확고하고 자신 있게 행동하고 필요하다고 판단될 때는 물러서지 말고 얼마간 강하게 권해야 한다.

은혜를 베푼다는 확신을 가져야

비즈니스맨들이 제안을 잘 해놓고도 결정적인 계약단계에서 머뭇거리면 심각한 문제이다. 비즈니스맨인 당신은 고객에게 매우 유익한 상품을 주는 은혜를 베풀고 있다는 확신을 가져야 한다. 확실하게 고객이 그 상품을 구입하도록 요청해야 한다. 이를 종결제안 또는 클로징이라고 하는데 좀더 적극적인 권고를 해야 한다.

비즈니스맨은 고객이 부담하는 금액보다 더 많은 이익을 고객에게 주는 상품이기에 확신을 가지고 말해야 한다. 최고의 비즈니스맨으로서 이것이 최선의 전문적인 판매이다. 판매를 할 때마다 고객에게 정중하게 감사하다고 말해야 한다. 항상 당신의 고객에게 잘 선택했다고 말해주어야 한다. 판매와 서비스는 조화를 이루어야 한다. 판매가 끝나고 고객들이 결코 당신을 잊지 않도록 노력해야 한다. 조 지라드는 그의 고객에게 편지 쓰기를 지속적으로 실천하였는데 매년 재거래를 통해 판매되는 양의 65%가 대부분 그 편지들 덕택이었다고 한다.

가격보다 중요한 것

어느 치과의사는 환자들과 지속적인 연락을 취하는 습관을 가졌는데 특히 치료를 마치고 돌아간 고객에게 이삼일 이내로 전화를 걸었다. 이 방식은 고객들에게 큰 인상을 주었고 감동과 신뢰를 쌓게 되었다. 그 치과병원에 환자가 계속 증가한 것은 당연한 결과였다. 한 연구에서는 "시장에서, 소비자에게 있어 가격은 상품을 고르는 이유 가운데 15번째 이유밖에 안 된다"고 밝혔다. 가격보다 중요한 것은 정성, 서비스, 품질, 신뢰 등이다.

표적시장의 핵심인사들을 접촉

마케팅 전문지에서 실시한 조사결과, 한 기업이 다른 기업을 대상으로 한 영업활동에서 첫 거래에 성공하기까지 영업 방문 횟수는 평균 7회에 달한다고 한다. 1회용 소형진단기를 생산하는 미국의 바이오사이트트사는 시장조사를 여러 방법으로 진행하였는데, 자사의 제품이 경쟁사 제품보다 우수하다는 것을 확신하였다. 또한, 자사 제품과 관련해서 치료제의 테스트는 의사들이 지시하지만 실제로 어떤 테스트를 할 것인가는 연구실 내의 직원들이 결정한다는 사실을 알아냈다. 이 회사는 표적시장의 핵심인사들을 대상으로 집중적인 접촉을 하였다. 결국, 마케팅 비용을 예상보다 상당히 절약하면서 거래에 성공할 수 있었다.

잠재시장에 대한 정확한 조사는 불필요한 비용의 낭비와 제품출시의 성공에 직접적인 영향을 미친다. 표적시장이 중요한 것은 표적시장에서 실구매자인 구매가능 집단을 발견한다는 점이다. 미국에 이민해 온 사람들이 미국인들을 상대로 하는 것보다 모국 출신자들을 대상으로 영업활동을 하면 훨씬 더 많은 매출을 올릴 수 있다고 한다. 베트남 출신의 어느 이민자는 전화번호부에서 베트남 성을 가진 사람들의 명단을 입수하였다. 그는 그들을 대상으로 편지와 전화로 접촉하였고, 그 결과 자신의 표적시장에 정한 자동차 영업판매권을 확보하였다고 한다.

비즈니스는 사람들을 만나는 일이다

프랭크 베트거는 매우 뛰어난 보험 비즈니스맨으로 명성을 날린 사람이다. 베트거는 여러 우여곡절을 겪은 끝에 보험 외무원으로 새 출발을 하게 되었다. 그는 판매란 넓은 의미의 화술이고 각색이라는 것을 알게 되었다. 당시 보험회사 사장이었던 탤보트는 그에게 "영업이라는 것은 오직 한 가지 즉 사람들을 만나는 일이다"라고 말했던 것이다.

그의 기록에 의하면 영업의 70%가 첫 번째 면담에서 성사되었고 23%는 두 번째 면담에서, 7%는 세 번째 이후의 면담에서 성사된 것으로 나타났다. 베트거는 기록관리를 통해서 좀더 성공률을 높이는 첫째와 둘째 방문에 전념하기로 하였다. 열심히만 한다면 영업은 세상에서 가장 쉬운 직업이지만, 쉽게 하려고만 하면 세상에서 가장 고역스러운 직업이다.

시장 개척은 힘들고 시험을 받는 과정

많은 사람들이 성공하지 못하는 이유는 원하는 것을 손에 넣기도 전에 포기하기 때문이다. 프랭크 베트거는 1,849번이나 전화를 하고 그 중에서 828번의 면담을 성사시켰다. 828번의 면담에서 65건의 세일즈를 성공시켜 4,251불의 수입을 올렸다. 뛰어난 비즈니스맨으로 명성을 얻었던 베트거의 계약 확률은 828번의 면담 중에서 65건의 계약이었다는 사실이다. 이는 100개의 면담 중에서 겨우 8건의 확률이다.

보통의 비즈니스맨의 확률은 이보다 훨씬 더 낮아질 것이다. 그러한 좌절과 실패를 편안하게 받아들이면서 지속하는 비즈니스맨은 결국 실력을 갈고 닦아 뛰어난 비즈니스맨의 경지로 나아갈 것이다. 성공적인 비즈니스맨은 결과를 추구하지 않고 그 대신 반응을 유도한다. 그 과정에서 배우려고 해야 한다. 시장의 개척은 매우 힘들고 자존심의 시험을 받는 과정임을 명심해야 한다.

고객을 소개받는다는 것

고객을 소개받는다는 것은 사업에서 매우 중요하다. 이것은 마케팅에서 절반의 시간과 돈으로 몇 배의 효과를 얻을 수 있다. 현실에서, 고객을 소개받는 것은 쉬운 일이 아니다. 고객소개가 이루어지려면 당신의 가치가 남보다 뛰어나야 하며 성실성과 신뢰성에서 탁월해야 가능하다. 기존의 고객이 당신의 팬이 되게 하는 것은 시장에서 큰 자산으로 작용한다.

보험왕 토니 고든은 보험업계에 들어와 8년 만에 MDRT회원이 된 이후 23년간 자격을 유지해온 전설적 실적을 보여주었다. MDRT회원이 되는 것은 세계 50개국의 생명보험 전문가들 중에서 상위 5%에 드는 사람들이 된다는 의미이다. 16세의 나이에 고교를 중퇴했던 토니 고든은 1969년에 보험업을 시작했다. 그는 초기에 "일주일에 15건의 상담 약속을 하면 성공할 수밖에 없다"는 말을 들었다. 고든은 성공의 근간은 끊임없이 약속을 잡겠다는 결단이라는 것을 알았다. 또한 전문지식보다 고객관리가 훨씬 더 중요하다는 것을 배우게 되었다.

고든은 "다른 고객을 소개해달라고 요청하는 일은 나중에 해야 할 일이 아니다. 이것은 보험 영업의 전과정에서 핵심적인 부분이다."라고 말한다. 소개를 통해서 시장을 개척하는 것이 생면부지의 사람들을 처음 찾아가 고객으로 만드는 것보다 훨씬 쉽고 편하다는 사실을 그는 알았기 때문이다. 고든은 개인적으로 소개받고 추천받아 만나는 사람 또는 업체만을 고객으로 삼는다는 점을 설명하였다. 고든은 "저를 만나 의미 있는 시간이 될 수 있을 거라는 얘기 정도만 하시면 됩니다. 제가 그분께 전화를 하면 30분 정도는 시간을 내달라고 전해 주세요. 언제 그분을 만나시나요?"라고 말했다.

진정한 전문가의 특징

고객을 소개받는 경우에는 가능한 한 빨리, 소개받은 사람에게 전화를 해야 한다. 비즈니스맨은 잠재고객과 소개해 준 사람의 이름을 자주 언급해야 한다. 마무리는 "월요일 10시나 수요일 오후 2시 중에서 언제가 편하세요?"라고 말하는 것이 효과적이다. 이 질문은 고객이 대부분 "예"라고 대답할 수 있는 질문이기 때문이다.

고든은 새로운 고객을 소개받을 때마다 똑같은 마무리 멘트를 사용하였다. 그는 실적의 25%는 항상 새로운 고객을 통해 얻으려는 규율을 갖고 있었다. 고든은 "단지 열심히 일하고, 자신을 가장 신뢰하고, 고객에게 충실하라는 것이 내가 줄 수 있는 최고의 조언이다."라고 말한다. 효과적으로 비즈니스를 하려면, 비즈니스맨은 자신이 제안하는 것이 고객에게 최적이라는 절대적인 확신을 가져야 한다. 비즈니스 활동은 진정한 전문가의 특징이다.

최고 결정권자에게 비즈니스하는 역량

앤토니 파리넬로는 휴렛패커드에 입사한 이래 25년간 비즈니스 분야에 종사해 왔으며 수많은 상을 수상하였다. 파리넬로는 최고 결정권자를 대상으로 한 비즈니스를 주창하고 있다. 그는 최고 결정권자에게 비즈니스하는 데 모든 역량을 집중했다. 파리넬로는 "의사결정권자와 만나 그에게 제안하는 것은 매우 중요하다. 결정권이 없는 사람과 접촉하여 시간과 노력을 낭비하지 않아야 한다."라고 말한다. 그는 비즈니스맨은 영업하는 방식을 차별화해야 더 큰 가치를 제공할 수 있다는 사실을 깨달았다.

비즈니스에서 성공을 거두려면 차별화된 무언가가 있어야 한다. 그리고 고객이 얻을 수 있는 가치를 구체적으로 제시해야 한다. 최고 결정권자들은 대체로 자신의 시간을 낭비하는 것을 싫어한다. 비즈니스맨은 지금껏 최고 결정권자들이 만나온 세일즈맨들과는 전혀 다른 모습을 보여주어야 한다. 또한 최선의 해결책을 제공할 수 있음을 입증해야 한다. 비즈니스맨이 최고 결정권자와 만나 그에게 제안하는 것은 매우 중요하다.

사업가처럼 생각해야

최고 결정권자를 상대하려면 세일즈맨이 아니라 사업가처럼 생각해야 한다. 즉 문제해결사가 되어야 한다. 비즈니스맨은 상품이나 서비스, 솔류션에 대해서 뿐만 아니라 자기 자신에 대해서도 자신감을 가져야 한다. 최고 결정권자와의 신뢰관계는 책임감 있는 사업 파트너가 되는 데 중요하다. 이는 정직성과 성실성, 약속 이행 능력과 관련되는 것이다. 그들과의 대화에서 다른 사람에 대해서 부정적으로 말해서는 안 된다.

비즈니스맨은 최고 결정권자에게 새로운 아이디어와 더 좋은 정보, 훌륭한 서비스를 지속적으로 제공해야 한다. 파리넬로는 "비즈니스맨인 당신은 특별한 존재가 되어야 하는 데 이를 위해 끊임없이 자기 계발을 하여 스스로의 가치를 높여야 한다. 열정적이고 긍정적이며 자신감에 찬 사업가처럼 보여야 한다. 최고 결정권자가 말할 때에는 경청해야 한다."라고 말한다.

평범한 세일즈맨들과는 달라야

최고 결정권자와 만나는 비즈니스맨의 업무는 거래를 종결하는 것이 아니라 새롭게 여는 것이고 시작하는 것이다. 최고 결정권자는 비즈니스맨의 솔루션이 회사의 잠재력을 최대한 실현하는 데 어떤 도움을 줄 수 있고, 실질적인 결과를 볼 수 있을 지에 관심이 있다.

최고 결정권자와 상대하는 비즈니스맨의 전화는 평범한 세일즈맨들과는 달라야 한다. 식견을 갖춘 전문가로서의 면모를 보여주어야 한다. 비즈니스맨은 전화 통화에서 최고 결정권자에게 만나달라고 간청하지 말아야 한다. 대신, 최고 결정권자가 비즈니스맨인 당신을 먼저 만나자는 제안을 해오도록 이유를 제공하는 것이 중요하다. 비즈니스맨은 측정가능한 이익에 초점을 맞춤으로써 첫인상을 좋게 할 수 있다. 전화는 최고 결정권자로 하여금 당신을 만나는 게 중요하다는 것을 직접 확인시켜줄 중요한 기회다.

자신의 중요성을 최고 결정권자에게 인식시켜야

비즈니스맨은 최고 결정권자와 대화를 할 때 그의 이름을 부르는 것은 중요하다. 어떻게 말하느냐가 아주 중요하다. 최고 결정권자는 항상 무언가 가치 있고 새로운 아이디어들을 찾고 있다. 비즈니스맨은 천천히 자신감 있게 말해야 한다. 이를 위해 연습하고 또 연습해야 한다. 항상 가치 있는 것을 제공해야 한다. 중요한 것은 '쉽게' 말해야 한다는 것이다.

최고 결정권자들은 대개 성격이 급한 편이다. 그들에게는 간단명료하게 핵심을 말해야 한다. 비즈니스맨은 최고 결정권자들이 말을 할 때는 경청해야 한다. 최고 결정권자에게 관련된 적절한 성공 사례를 제시하는 것은 효과가 있다. 보여줄 수 있는 특정한 혜택을 강조할 수 있다. 사회적 증거를 제시해 답변을 입증하는 것은 그들에게 호소력이 있다는 사실이다. 비즈니스맨은 반드시 결과에 초점을 맞춰야 한다. 비즈니스맨은 자신의 중요성을 최고 결정권자에게 인식시켜야 한다.

최고 경영자와 좋은 관계를 맺었다면 그에게, "사장님, 제게 도움이 될 만한 다른 회사를 소개해주실 수 있으십니까?"라고 요청하는 것은 필수적이다. 이러한 부탁은 상대 최고경영자를 영향력이 있는 사람으로 인정하는 것이므로 대체로 최고경영자들은 싫어하지 않는다. 다만, 상대 최고경영자가 소개를 하지 않더라도 강요하는 인상을 주어서는 안 된다. 요컨대. 상대가 편하게 받아들일 수 있도록 경쾌하게 부탁해야 한다. 그래야 다른 최고 결정권자와 새로운 만남을 쉽게 이룰 수 있을 것이다.

유능한 비즈니스맨은 극소수

토마스 스탠리는 조지아 주립대학 마케팅 교수로 재직하였으며 부자들에 대한 마케팅 연구로 유명하다. 스탠리는 "중요한 것은 부자들의 자부심에 적절한 공감을 표시해 주는 것이다. 부자는 행복감을 느낄 때 무엇인가를 쉽게 산다. 부자들은 자신을 인정해 주는 사람에게 호의적이다. 실제로 무엇인가를 팔 줄 아는 유능한 세일즈맨은 극소수이다."라고 말한다.

미국 전체의 20%에 해당하는 상위 소득자가 전체 소득의 80% 이상를 차지하고 있다. 비즈니스맨은 영향력 있는 사람과의 공생관계를 형성하는 것이 매우 중요하다. 영향력이 강한 오피니언 리더들과의 관계를 적극 활용하여 판매를 증가시킬 수 있기 때문이다. 오피니언 리더들은 대개 직업관련 기구나 단체의 임원들이다. 이들과 긴밀한 관계를 맺는 것이 중요하다는 것이다.

가능성이 높은 소수의 사람에게

매일 접촉하는 사람의 수를 줄이고 잠재 고객이 될 가능성이 높은 소수의 사람에게 열정을 바칠 때 비즈니스의 생산성이 높아질 수 있다. 마케팅의 오래된 격언은, "사람이 몰리는 길로 가지 말라. 가능하면 많은 사람이 몰려가는 반대쪽으로 가서 초일류 세일즈맨이 되라!"이다. "부자들과 가깝게 지내면 당신도 부자가 될 것이다"라는 격언도 있다.

일류 비즈니스맨들은 기존 고객들로부터 추천을 받아 상당수의 새로운 고객을 늘려간다. 같은 업계에 종사하는 사람들의 권유는 구매의사 결정에 큰 영향력을 발휘할 수 있다. 일류 비즈니스맨들의 공통점은 '자신감'이 대단하다는 점이다. 비즈니스에서 "자신감, 제품에 대한 지식, 비즈니스 기술" 이 세 가지는 필수적인 요소들이다.

많은 시간을 들여 공부한다는 사실

스탠리는 "최고의 비즈니스맨은 많은 시간을 들여 조사하고 공부한다는 사실이다."라고 말한다. 공부한다는 것은 자신의 가치를 높이고 이를 고객들이 알 수 있도록 하는 것이다. 고객들보다 훨씬 많은 학습을 하고, 더 많은 정보와 실력을 갖출 경우에 비즈니스가 수월해질 것은 틀림없는 사실이다.

비즈니스에서 추천과 소개는 강력한 시장 개척의 원천이다. 소개를 요청할 때는 구체적이어야만 한다. 고객이 스스로 원해서 소개해 주어야만 한다. 전화를 거는 것은 단지 약속을 정하기 위한 것임을 명심해야 한다. 다시 말하면, 전화로 상담을 하거나 용건을 말해서는 안 된다. 상담이든 용건이든 고객과 만난 다음에 말해야 한다.

프로 비즈니스맨은 항상 주도권을 자신이 쥐어야 한다.

비즈니스 협상의 유의할 점

비즈니스맨은 고객과의 협상에서 win-win의 해결을 목표로 하여야 하며 그렇지 않으면 계약을 맺지 말아야 한다. 일방만의 이익은 장기적인 관계를 유지할 수 없기 때문이다. 협상에서 계약을 급하게 맺으려고 하면 협상력은 급격히 떨어진다. 협상은 제안하는 조건을 승인할 권한을 가진 사람과 협상해야 한다. 권한이 없는 상대방과 씨름하는 것은 시간 낭비에 지나지 않는다. 현실적으로, 처음부터 권한을 가진 경영자와 직접 협상하기는 어려울 수 있다. 이러한 경우, 지혜롭게 접근하여 권한을 가진 사람과 직접 만날 수 있어야 한다.

비즈니스맨은 고객과의 협상에서 성과가 없을 경우 담담하고 품위 있게 퇴장하는 것이 중요하다. 협상 상대방의 시간과 배려에 감사하고 다시 협상할 수 있는 문을 열어 놓아야 협상에 복귀할 수 있다. 협상에서, 경쟁 상품에 대한 지식에 관해 다음과 같은 원칙을 지켜야 한다. 첫째, 고객이 경쟁 상품이나 경쟁회사에 대해 묻기 전에는 절대 그에 관한 이야기를 꺼내지 말아야 한다. 둘째, 고객이 이야기를 꺼내서 부득이 이야기해야 할 경우에는 경쟁 상품이나 경쟁 회사를 먼저 칭찬하여 주고 "우리 상품이 그 회사만 못하다면 감히 그들과 경쟁하려 하겠습니까?"라고 말할 수 있다.

반드시 새로운 다음 고객을 소개받는다

엘머 레터만은 보험 비즈니스맨으로서 엄청나게 성공한 사람이다. 레터만은 "나는 고객에게 그 상품을 구입해서 편리하고 유익했던 점을 이야기해 달라고 물어본다. 그러면 고객은 자신의 입을 통해 상품의 만족도를 이야기할 것이고 그러면, '그럼 절친하신 친구나 친척 분들도 이 상품을 쓰면 아주 만족하시겠군요.'라고 묻는다. 잠시 생각할 시간을 둔 뒤, '괜찮으시다면 제가 그 분들에게 상품 소개를 해도 되겠습니까?'하고 물어본다."라고 말한다.

그는 계약이 끝나면 그 계약자로부터 반드시 새로운 다음 고객을 소개받고 있다. "같은 일을 하시는 분 중의 누군가 소개를 부탁드려도 괜찮겠습니까?"라고 말하는 것이다. 어떤 경우에는 "제가 아무개씨를 찾아뵈면 당신을 알고 있다고 말씀드려도 괜찮겠습니까?"라고 말하여 거절당할 여지를 미리 차단하기도 한다. 비즈니스맨이 판매를 하기 전의 신뢰는 판매하려는 상품의 질보다 더 중요할 수 있다.

돕는 마음에 기초한 우정을 쌓는 일

비즈니스맨은 두 가지의 면을 가지고 있다. 하나는 그 사람의 인격, 설득력, 지식, 성실성이다. 또 하나는 그 사람의 평판, 신망, 명성이다. 인간이란 뭔가 특이한 것에 마음이 끌리는 습성이 있다. 사람의 눈길을 끌기 위한 마케팅에는 반드시 '품위'를 지켜야 한다.

성공의 문에서 중요한 한 가지는 "돕는 마음에 기초한 우정을 쌓는 일이다"라는 것이다. 비즈니스에 있어서 융통성을 갖는 것이 매우 중요하다. 상담의 방법, 말하는 스타일, 문제를 제기하는 방법 등은 상황과 상대방에 따라 적절하게 바꿔나가야 한다. 이 세상에 똑같은 사람은 한 사람도 없다. 취향과 교양과 반응이 각양각색이라는 사실을 염두에 두고 대응해야 한다.

상품은 비즈니스맨의 손과 마음에 의해 그 가치가 결정될 수 있다. 문제는 영업자의 신념이고 몇 개의 원리이다. 비즈니스에서 준비는 전문적이어야 한다. 반드시 구체적인 통계 자료를 가지고 설득해야 하며 많은 지식과 정보를 미리 준비해야 한다. 비즈니스 능력이 뛰어난 사람은 상담 시간의 80%는 상품과는 전혀 다른 이야기를 한다고 한다. 20%만 상품 이야기를 하며 나머지는 순전히 인간적인 이야기로 화제를 이어간다.

대화의 훈련과 지적인 총명함이 필요

휴먼 릴레이션스의 제임스 벤더 박사는 "내가 상담한 회사의 사장은 '그럼, 이 회사는 어떻게 해야 할까요?'라고 물었다. 나는 '잘은 모르겠습니다만… 먼저 이 회사 중역들의 이야기를 들어보면…'하고 말했다. 그러자 그 사장은 '모르겠습니다'라고 인정한 사람은 당신이 처음입니다.'라고 말했다."라고 알려준다. 이 결과 벤더 박사는 그 후 3년 간 회사의 교육을 맡게 되었다. 벤더 박사는 "그 후 나는 몇 번이고 '잘 모르겠습니다'라는 간접 전술을 활용했는데, 상대가 큰 회사일수록 더욱 큰 효과가 있었다."라고 말한다.

먼저 대화의 훈련과 상품에 대한 해박한 지식, 지적인 총명함이 필요하다. 비즈니스 능력이 뛰어나다는 것은 고객의 반론을 고객이 마음 상하지 않게 막아내면서 합리적인 근거를 제시하여 판매로 연결시키는 능력이다.

지정하여 추천하는 방법

보험왕으로 인정받았던 엘머 레터만은 "나의 성공의 가장 큰 밑거름은 방문판매를 통한 자기수련과 매일 새롭게 축적한 영업 노하우였다. 열의는 필수적인 조건이다."라고 말한다. 관계를 우선시해야 한다는 그의 원칙은 "감정은 행동을 촉진하지만 이론은 단지 사고를 자극할 뿐이다. 행복과 결부시켜 고객의 마음에 호소하는 것도 효과적이다."라는 그의 말에 나타나 있다.

고객이 마음의 준비가 되면, "어느 쪽으로 하시겠습니다?"라고 질문해야 한다. '어느 쪽'에 관해서는 두 종류 많아야 세 종류에 한정하여 선택하게 하는 것이 중요하다. 너무 많은 상품 중에서 선택하도록 하는 것은 고객이 결정할 수 없게 만드는 것이다. 더 좋은 방법은 "그 중에서 이것을 선택하는 것이 좋을 것입니다. 많은 분들이 이것을 선택합니다."라고 지정하여 추천하는 방법이다.

필요한 말한 정확하게 전달하는 요령이

고객이 충분히 듣기 전에 먼저 가격을 물어보는 경우가 있다. 지혜로운 비즈니스맨은 이에 대해 대답해서는 안 된다. 고객이 상품의 가치를 충분히 인식하지 않은 상태에서 가격에 대해 말하는 것은 전혀 의미가 없는 것이다. 우선 고객이 상품의 가치를 인식하도록 열정적이면서도 진지하게 알려주는 과정이 필요하다. 고객이 상품의 가치를 충분히 인식할 정도가 되었을 때에 가격에 대한 언급이 나와야 한다. 요컨대 고객이 구매할 준비가 되지 않은 상태에서 가격에 대해 결코 언급하지 말아야 한다는 사실이다.

비즈니스맨은 필요한 말한 정확하게 전달하는 요령이 있어야 한다. 서서히 본론으로 들어가서 핵심을 짤막하게 전하는 간접 판매법을 병행하는 것이 필요하다. 직접적인 질문은 고객의 호기심을 자아내기에 충분하다.

관계우선의 법칙

빌 비숍은 세계적인 비즈니스 전략가이며 비숍 인포메이션그룹의 회장이고 저널리스트이다. 그는 15년 넘게 1800여 개의 회사들과 일해 온 경험을 바탕으로 '관계우선의 법칙'을 창안했다. 빌 비숍은 "우리는 고객을 중심으로 사업을 하기로 하고, 책을 쓰고, 워크숍을 개최하고, 연설을 하고, 디지털 감사를 실시하고, 수십 종류의 기술을 이용해서 디지털 마케팅 시스템을 구축했다. 가장 중요한 것은 우리 고객들 역시 번영을 누리기 시작했다는 점이다."라고 말한다.

관계우선의 법칙은 고객과의 긴밀한 관계와 독특한 가치를 지닌 상품을 결합하는 비즈니스 방식이다. 비숍은 관계우선의 방식으로 비즈니스한 사례를 알려주고 있다. '바운시 바스켓볼'사는 농구공 제조 기업이다. 이 기업은 제품우선의 법칙을 버리고 관계우선의 법칙을 채택하기로 결정했다. 이 회사는 농구선수들에게 초점을 맞추면서 '우리는 농구선수들에게 어떤 독특한 가치를 지닌 제품을 제공할 수 있는가? 농구선수들이 원하는 것, 그들이 필요로 하는 것은 무엇인가?'를 물었다. 이 회사는 농구선수들에게 유니폼, 농구 훈련 비디오, 팀 관리 소프트웨어, 프로 농구선수들에 대한 정보를 팔 수 있다는 사실을 파악했다.

뭔가 가치 있는 것을 제공해 관계를 맺는 것

이 회사는 '농구선수들의 필수 지침서'라는 제목의 책을 펴냈고 이를 무료로 배포했다. 이 회사는 18개월 동안 75만 명의 농구선수들에 대한 자세한 정보를 수집했다. 이 회사는 전세계 1500만 명 이상의 농구선수들과 관계를 맺었다. 농구선수들에게 초점을 맞춤으로써 고객 데이터베이스를 중심으로 하는 정보 시스템을 개발했다. 이 회사는 통합된 시스템 덕분에 새로운 제품과 서비스를 며칠 안에 만들어낼 수 있다. 독특하고 완벽한 제품과 서비스 패키지를 제공하는 것이다. 이 회사는 관계우선의 법칙을 채택한 이후 기하급수적으로 성장했다.

관계우선의 법칙을 이용해서 비즈니스를 하려면 특정 유형의 고객들에게 초점을 맞출 필요가 있다. 그 고객 유형에 맞게 상품의 독특한 가치를 증가시키는 것이 중요하다. 대상이 되는 고객들을 끌어들이기 위해 가치 있는 것을 무료로 제공한다. 요컨대 뭔가 가치 있는 것을 제공해 관계를 맺는 것이다.

차별화시키는 것은 시장 개척의 한 방법

관계우선의 법칙을 채택함으로써 사업을 훨씬 쉽게 할 수 있다. 이 비즈니스 방식은 고객들에게 판매하려 하지 않고 그들을 도와주려고 애쓸 뿐이다. 더 이상 제품이나 서비스가 아니라 특정 유형의 고객에게 가치를 증가시키는 데 초점을 맞추는 것이다. 그리고 고객들을 위한 광범위한 해결책을 제공하는 능력을 개발하는 것이 필요하다.

독특한 가치를 지닌 새 제품이나 해결책을 제안한다는 것은 기존의 비즈니스에서 전략적 후퇴를 한다는 것을 의미한다. 이 과정에서 단기적인 판매감소가 나타날 수 있는데 이는 미래에 더 많은 보상을 위한 투자라고 생각할 수 있다. 특정 유형의 고객들에게 독특한 가치를 지닌 제품이나 해결책을 제공함으로써 좋은 관계를 맺고, 경쟁사들과 자신을 차별화시키는 것은 시장 개척의 한 방법으로서 진지하게 고려할 수 있다는 사실이다.

네이먼 마르커스백화점의 스탠리 마르커스는 그가 유통업을 하면서 배운 가장 중요한 것은 '기존고객을 유지하는 것'이라고 말했다. 기존고객은 구매에 대한 장애도 적고 저항감도 낮아서 판촉활동의 효과도 높다. 관계마케팅은 "고객을 알고 그들과의 관계를 위해 정보를 사용하는 것"을 의미한다. JP호텔의 사장은 호텔의 모든 방에 자신의 집과 사무실, 핸드폰의 전화번호를 적어놓고 고객들이 직접 전화할 수 있도록 해놓았다.

제10장

개인적 지침

기본적인 가치관에서 개인적 지침이 나온다

니겔 리즈너는 연설가로서 유럽의 최고경영자회와 경영위원회에서 '올해의 연설가' 상을 받았다. 런던에 소재한 금융서비스 회사의 최고경영자였던 그는 세미나와 강연회를 활동적으로 운용하고 있다. 리즈너는 "자신의 삶을 바꿔 줄 유일한 치유책은 자신 밖에 없다. 진정한 변화를 획득하는 첫 번째 단계는 인식이라는 것이다. 학습하고 그 학습을 전파하라. 독서를 생활화하고 학습을 우선과제로 삼아라."라고 말한다. 리즈너는 학습과 독서를 우선과제로 삼았던 덕분에 비즈니스맨으로서 자신의 분야에서 승승장구할 수 있었다. 훌륭한 개인적 지침을 자신에게 철저히 적용하는 것은 비즈니스맨에게 매우 중요한 것이다.

일본에서 벤처 기업의 선구자로 인정받고 있는 호리바제작소의 창업자 호리바 마사오는 "나는 내 기본적인 가치관에서 벗어나는 일은 절대로 받아들이지 않는다. 이것이 내 인생의 핵심이고 기업의 방침과도 관계가 있다."라고 말한다. 그는 자신의 철학 또는 개인적 지침을 유념하고 사업을 하고 있기에 큰 함정에 빠지지 않고 오랜 동안 비즈니스맨으로서 생존하였다. 호리바는 일을 즐기고 보람으로 생각하며 자부심을 가지고 있다. 그는 좋은 제안을 하기 위해서는 많이 공부해야 한다고 생각한다.

책읽기와 탐구하기를 개인적 지침으로

존 템플턴은 가장 현명한 투자가 중의 한 명이다. 그의 뮤추얼 펀드에 1만 불을 투자했다면 33년 후에 80만 불이 되었을 것이다. 그는 템플턴 상을 제정하여 매년 30만 불의 상금을 수여한다. 테레사 수녀가 첫 번째 수상자였다. 그가 가지고 있던 개인적 지침은 그를 현명한 투자가로 만들었고 존경받는 비즈니스맨으로 이끌었다.

존 템플턴은 많은 책들을 두루 읽었다. 그는 매일 새로운 것을 배우겠다는 목표를 세웠다. 독서광이기도 한 템플턴은 자신의 직업에 도움이 되는 책을 항상 갖고 다니면서 읽었다. 그는 열심히 공부하고 열심히 일하는 것이 능력보다 훨씬 중요한 것이라는 사실을 알았다. 책읽기와 탐구하기를 개인적 지침으로 정한 템플턴은 자신이 축적한 지식을 활용해 대단한 성공을 거두었다.

검약과 지혜로운 지침들

존 템플턴과 그의 부인 두들리는 결혼하면서 개인적 지침을 한 가지 정했다. 그들이 번 수입의 절반은 반드시 저축하기로 한 것이다. 템플턴은 특히 월세가 100불이 넘는 집에서는 살지 않았다. 가구도 중고물건을 샀다. 성공이란 저축하는 데서 나온다고 그는 믿고 평생에 이런 믿음을 실천해왔다. 자동차도 중고차를 구입했다.

그가 독립해 투자자문 회사를 설립했을 때 집기 비품도 중고를 구입했다.

그는 신용카드도 쓰지 않았고 비행기를 탈 때면 항상 이코노미 좌석만 이용하고 이렇게 모은 돈을 자선단체에 기부했다. 이러한 철저히 낭비를 배제한 검약정신이 있었기에 회사를 설립한 지 2년째 되는 해부터 순이익을 기록할 수 있었다. 빚이 없고 신용도 쓰지 않은 투자가는 주가가 큰 폭으로 떨어져도 치명타를 입지는 않는다. 검약은 템플턴에게 성공으로 가는 길을 밝혀주었다. 위대한 투자가인 템플턴이 '검약'을 그의 개인적 지침의 하나로 정한 것은 비즈니스맨으로서 성공하는 데 중요한 역할을 하였다.

절대 논쟁을 하지 않는 것

존 템플턴의 개인적 지침의 하나는 "절대 논쟁을 하지 않는 것"이다. 그는 다른 사람을 법정으로 몰고 가서는 안 된다는 강한 믿음을 갖고 있었다. 논쟁을 하지 않고 남들과 평화스러운 관계를 추구하는 템플턴은 자신의 사업에서 불필요한 분쟁을 만들지 않았다.

이러한 그의 자세는 템픔턴이 직장생활을 할 때에도 큰 도움이 되었다. 그는 상사와의 관계가 좋아야 직장생활을 성공적으로 할 수 있다는 것을 알고 있었다. 상사와의 관계를 좋게 하기 위해서 그는 한 달에 한 번은 상사에게 가서 진지한 조언을 구했다. 상사는 자신에게 조언을 구하려는 부하직원을 좋아하는 것이 보통의 성향이다. 이는 상사의 권위를 인정하는 것이고 상사는 자신의 능력을 과시할 수 있는 기회이기 때문이다. 템플턴은 상사에게 "제가 맡은 일을 더 잘 하려면 어떻게 해야 합니까?"라고 물었다. 그가 승진할 수 있었던 비결은 질문을 통해 끊임없이 조언을 구했던 그의 자세 덕분이었다는 것이다.

'담력'의 지침

스즈끼 야스토모는 게이오대학 경제학부를 졸업하고 교요가스에 근무하다가 1990년 소니푸르덴셜 생명에 입사하여 활동하고 있다. 스즈끼는 입사 5년째에 라이프플래너의 최고급 위치에 올라섰다. 그가 비즈니스맨으로서 큰 성공을 거둔 것에는 개인적 지침을 정하고 이를 꾸준히 실천했기 때문이다.

스즈끼는 "나는 사장이건 실무자이건 대등하게 대한다. 명절에도 절대로 선물을 하지 않는다는 원칙을 고수하고 있다. 지나치게 겸손한 행동을 하는 것은 오히려 역효과를 가져올 수 있다. 실무 담당자를 배려한다는 것은 회사를 상대로 영업하는 라이프플래너의 기본철칙이다."라고 말한다.

이러한 개인적 지침을 스스로 정하고 실천한 스즈끼는 점차 비즈니스의 요령을 터득하였고 최고의 비즈니스맨으로 자신을 향상시켰다. 그는 "보험 영업에서 성공하기 위해 가장 필요한 것은 '종합력'과 '담력'이라고 말할 수 있다. 강한 의지 즉 담력이 필수적이다."라고 말한다. 그가 자신의 가치를 높게 평가하고 있다는 점을 알 수 있다. 이는 자신의 철학을 정립하고 개인적 지침을 생활에 적용한 결과였다.

다양한 종합적 능력

스즈끼는 "라이프플래너는 반드시 경제신문을 구독해야 한다. 법인영업에 요구되는 자산운용에 관해 배울 수 있기 때문이다. 손님에게 훌륭한 조언을 할 수 있을 정도로 항상 공부를 해야 한다."라고 말한다. 항상 공부하는 것을 개인적 지침으로 삼고 매진한 결과 그는 다양한 측면에서 종합적인 능력을 지닌 사람으로 성장할 수 있었다. 이러한 폭넓은 교양과 더불어 자신감은 사람들과의 관계에서 '저 사람의 말은 재미있다'라는 인상을 줄 수 있었다. 그가 "비즈니스를 한층 쉽게 할 수 있었다."라고 말하고 있는 이면에는 이러한 노력이 있었던 것이다. 남들보다 뛰어난 비즈니스맨은 남들이 머리로만 알고 있는 것을 생활의 개인적 지침으로 엄격하게 실천하고 있다는 사실을 명심해야 한다.

맥도널드의 설립자 맥도널드 형제

제2차 세계대전이 끝나고 미국인들의 식습관은 급속도로 변하고 있었다. 세상이 급변하고 있었기 때문에 모든 것이 빨리 진행되어야 했고 식사도 간단하고 빠른 패스트푸드가 서서히 인기를 끌기 시작했다. 모리스와 리처드 맥도널드 형제는 햄버거 세트를 염가로 하여 15센트만 내면 겨자, 케첩, 오이피클을 얹은 햄버거를 제공하고 4센트를 더 내면 치즈버거를, 10센트를 더 내면 프렌치프라이까지 먹을 수 있는 식당을 열었다. 이 패스트푸드 식당에서는 서빙을 셀프서비스 방식으로 전환했다. 사업은 번성했고 1953년 모리스와 리처드 맥도널드 두 형제는 프랜차이즈 라이선스를 사업전략으로 정했다.

1954년 믹서 도매상 레이먼드 크록은 이 형제들의 번창하는 식당을 관찰하면서 자신도 레스토랑 프랜차이즈 계약을 맺고 싶었다. 그는 맥도널드 형제들에게 조심스럽게 접근했다. 그때에 크록의 나이는 52세였다. 좀 어리숙하기도 한 이들 모리스와 리처드 맥도널드 형제로부터 크록은 라이선스 사용권을 950불에 팔 수 있는 내용으로 계약하였다. 이때가 1954년이었다. 레이먼드 크록은 수입의 1.4%를, 두 형제는 0.5%를 가져가기로 했다. 크록은 레스토랑을 청결하게 하고 생산과정을 더 능률적으로 만들었고 엄격한 재료기준을 세워 좋은 햄버거가 똑같이 제조되도록 조치했다. 크록은 1961년에 맥도널드 상호에 대한 세계적인 소유권을 모리스와 리처드 맥도널드 형제로부터 사는 계약을 하였다.

소박하고 분명한 가치관

크록과의 계약대금으로 수백만 불의 거금을 거머쥔 모리스와 리처드는 고향인 뉴햄프셔로 돌아가 안락한 노년의 삶을 이어갔다. 맥도널드의 창업자인 리처드 맥도널드는 1998년 89세의 나이로 숨을 거두기 전, "아내와 나는 한 번도 요트를 갖고 싶다고 생각해 본 적이 없었죠. 그런 건 우리 취향이 아니었습니다. 나는 그저 뉴햄프셔의 전형적인 보통 사람이었습니다."라고 말했다고 한다. 맥도널드를 인수한 레이먼드 크록은 5억불 이상의 재산을 만들었다. 선구자인 맥도널드 형제는 소박한 작은 열매로 만족하였지만 후발주자인 레이먼드 크록은 거대한 부와 큰 기업을 이 세상에 남겼다.

사업의 커다란 번창이라는 관점에서는 후발주자인 레이먼드 크록이 뛰어난 인물임이 분명하다. 레이몬드 크록은 사업의 엄청난 번창을 감당하느라 가정생활에서 문제가 발생하기 시작했다. 결국 크록은 부인과 이혼하는 어려움을 겪었다. 맥도널드 형제가 가지고 있는 소박하고 분명한 가치관은 그를 만년까지 행복한 인생을 살게 하는 중요한 지침이 되었다는 사실이다. 큰 사업으로 이끌어 많은 돈을 버느냐 아니면 인생의 행복한 여로를 지키느냐 여부는 비즈니스맨의 개인적 지침에 의해 결정될 수 있다.

개인적 지침은 각자 다르다

개인적 지침은 비즈니스맨마다 다를 것이다. 각 개인은 능력과 취향과 처해 있는 환경이 다르기 때문에 개인적 지침도 자신에게 가장 도움이 되는 것으로 정할 필요가 있다. 일본의 위대한 비즈니스맨으로 존경받았던 마쓰시다는 "운이 좋은 사람은 인상이 좋습니다. 운이 좋은 사람과만 교제하십시오."라고 말하였다. 마쓰시타는 개인적 지침으로서 교제하는 대상을 운이 좋은 사람만으로 한정했다.

3대 금기사항

내가 알고 있는 어느 비즈니스맨은 "술과 여자와 도박"을 3대 금기사항으로 이를 철저히 개인적 지침으로 실천하고 있다. 많은 비즈니스맨이 일시적으로 큰 수입을 얻었던 사례가 있지만 "술과 여자와 도박" 중 하나의 유혹에 넘어가 결국 많은 재산을 탕진하는 사례는 부지기수로 많다는 사실이다.

더욱이 비즈니스 활동은 자동차 운전을 바탕으로 움직인다. 아무리 뛰어난 비즈니스맨이라도 '음주 운전'의 가능성이 높은 사람은 비즈니스 활동을 하지 못하는 사태가 올 수 있다. 그는 결국 비즈니스에서 퇴출될 것이다. 어느 비즈니스맨이 "술과 여자와 도박"을 3대 개인적 지침으로 정하고 수년간 반드시 실천하고 있는 것은 참으로 현명한 것임을 인정하지 않을 수 없다.

활동하는 시간의 지침

어느 비즈니스맨은 "아침 8시부터 저녁 6시까지 활동하는 것"을 개인적 지침으로 삼고 있다. 아무리 비가 오고 눈이 오더라도 그는 개인적 지침을 생략하는 일이 없다. 그의 이러한 철저한 활동 계획에의 집착은 그가 오랜 동안 비즈니스맨으로서 견실하게 버틸 수 있는 힘이 되었다. 러시아의 문호 도스토예프스키는 채권자의 빚 독촉과 출판사의 계약에 쫓기며 겨우 기일에 맞춰 썼다. 심리적으로 쫓기는 상태일 때 오히려 집중력이 발휘되는 경우가 있다.

비즈니스맨은 자기 자신에게 강제적 마감을 설정하는 방법을 통하여 자신의 활동이 항상 활력으로 넘치게 할 수 있을 것이다. 비즈니스맨은 참으로 어려운 직업이다. 수만 개의 직업 중에서 서열 2위로 어려운 직종인 것이다. 이러한 직종에 오래 생존하기 위한 비결로서 "아침 8시부터 저녁 6시까지 활동하는 것"을 개인적 지침으로 삼은 그 비즈니스맨은 실패할 가능성이 매우 희박한 비즈니스맨으로 생존할 것이다.

제11장

대면 기술의 구체적 사항

판매기술의 원칙과 심리학

비즈니스 현장에서 중요한 하나는 판매기술의 원칙이고 다른 하나는 비즈니스에서의 심리학이다. 비즈니스에서 서비스, 마케팅 그리고 세일즈는 각각 별개의 기능이 아니라 동일한 하나이며 전체적으로 비즈니스라고 부를 수 있다.

모든 비즈니스 대가들은 자신들만의 고객명세서에 꼼꼼히 기록한다. 이 고객명세표에는 고객명, 일시, 전화, 팩스, 이메일, 주소, 직업과 구매력, 이 고객에게 팔려는 상품 등을 적는다. 비즈니스 세계에서는 항상 감정을 배제하고 잘 준비된 인물로 나타나야 한다. 구매자들은 조용한 자신감으로 다가오는 비즈니스맨들을 편안히 받아들인다. 그들은 "제 상품은 당신의 인생에서 추측과 불확실성을 몰아내줄 것입니다"라는 메시지를 남긴다.

어떤 방식으로든 고객의 고통을 덜어줄 것이라고 믿는 상품을 팔아야만 한다. 비즈니스맨은 고객에게 적합하지 않은 상품은 팔지 않는다는 것을 원칙으로 해야 한다. 다음의 내용들은 비즈니스에서 적용할 수 있는 판매기술의 원칙과 비즈니스 심리학에 기초한 대면기술의 구체적 사항들이다.

긍정의 기술

예의를 지켜야

비즈니스맨은 사람들에게 긍정적 인상을 주는 것이 필요하다. 여유있는 미소는 큰 힘을 발휘한다. 어느 백화점에서 거래를 중지한 고객의 68%가 종업원의 차가운 응대 때문이었다고 한다. 남에게서 인정을 받고자 하는 것은 인간의 깊은 본능이다. 예절은 인간의 가치를 인정하는 방법이다. 그러므로 비즈니스맨은 절대적으로 예의를 지켜야 한다.

공감하고 칭찬한다

후쿠다 다케시는 일본 중앙대학 법학부를 졸업하고 1983년 대화연구소를 설립하여 연구소 소장으로 활동하고 있다. 후쿠다는 "상대의 눈길을 피하는 것은 좋지 않은 인상을 준다. 상대의 눈을 바라보는 것이 중요하다."라고 말한다. 대화에서 공통의 관심사를 찾아내는 것은 중요하다. 비즈니스맨은 상대가 말할 때에 맞장구를 치는 등 반응을 보여 주는 것이 필요하다.

공감하면서 말을 들어주는 것은 사람을 편하게 하며 긍정적인 효과를 미친다. 적절한 질문을 하는 것은 대화를 활발하게 하는 역할을 한다. 상대방을 칭찬하는 배려는 대화를 즐겁게 이끌어가는 중요한 비결 중의 하나이다. 대화에서 유머는 중요하며 유머는 여유에서 나온다. 대화를 능숙하게 할 줄 아는 비즈니스맨은 성공 가능성이 매우 높다는 사실이다.

동의부터 하고 맞장구를

나이토 요시히토는 심리 컨설턴트이며 심리학 박사이다. 그는 "좋은 설득자일수록 쓸데없는 이야기를 하지 않는다. 상대에게 '한 가지만 말씀해드리겠습니다'라고 말하면 누구나 주의를 기울이게 된다."라고 말한다. 비즈니스맨은 많은 말을 하지 않도록 연구해야 한다. 설득의 힘을 발휘하려면 상대의 말에 경청하는 것이 전제이다. 그래야만 긍정적인 반응을 얻을 수 있는 것이다. 상대의 의견에 '동의'부터 하고 맞장구를 쳐주면 상대방의 긍정적 반응을 얻기 쉽다.

최고의 비즈니스맨들은 '예스'라는 대답을 얻기 위해서 평균적으로 5-6번의 '노'를 경험한다고 한다. 비즈니스에는 끈덕짐이 필요하다. 고객과의 대화에서 '그것이 아니고'라는 말은 극력 피해야 할 말이다. 이는 고객의 의견을 묵살하는 말로 간주될 수 있다. 고객의 말에 동의하기 어려울 때에도 '그러나'라는 말은 피해야 한다. 논쟁적인 분위기를 만들기 때문이다. 그 대신 '그리고'로 바꾸어 말하는 것이 더 효과적이다. 고객의 의견에 정면으로 반대의견을 제시하는 것은 절대 금기시해야 한다. 일단 상대방이 말한 부분은 긍정적으로 받아들이는 자세가 중요하다.

설득하지 말고 충고를 구한다

미국의 젊은 상원의원 J.R.비든은 소련 외상 그로미코에게, "당신은 생존해 계신 분 중 무기제한 문제에 관해 가장 경험이 많으신 걸로 알고 있습니다. 제 동료들의 우려에 대해 제가 어떻게 대응해야 할지 충고해주시겠습니까?"라고 말했다. 그로미코는 자신의 의견을 말해 나가면서, 미국 상원에서 비준을 얻는 데 수정 조항이 도움이 될 수 있다는 것을 깨닫고 태도를 바꾸어 그 수정안에 동의했다. 그로미코의 입장에 반대하지 않고 비든은 마치 그로미코가 문제해결에 관심이 있는 것처럼 행동하며 그에게 충고를 청했다. 결국 비든은 그로미코를 자신의 편으로 이끌 수 있었던 것이다. 비든은 그로미코를 설득하려 하지 않고 긍정적 접근으로 문제를 해결할 수 있었다.

좋은 셀프 이미지

요시에 마사루는 NTT, 미츠이 물산 등을 거쳐 현재 인재파견회사의 영업책임자로 활동 중이다. 그는 대학을 졸업하고 회사에 입사하여 최고 영업사원의 자리에 올랐다. 요시에는 "영업맨인 당신은 회사를 대표하는 하나의 기업이라고 생각해야 하며 자부심을 가져야 한다. 가장 중요한 것은 자신이 셀프 이미지대로 완벽하게 연기하는 일이다."라고 말한다.

좋은 셀프 이미지란 자신에 대한 강한 긍정적 이미지를 말한다. 비즈니스맨에게 좋은 셀프 이미지는 매우 중요하다. 이는 엄청난 효과를 가져다 줄 수 있다. 요시에 마사루는 "고객과는 항상 대등한 관계를 유지해야 한다. 위치는 동등하거나 당신 쪽이 우위다."라고 말한다. 비즈니스맨은 먼저, 고객이 자신의 상품을 필요로 하는지를 확인한다. 고객이 필요로 한다면, 상품의 독특한 특징을 가르쳐주고, 구입하지 않을 경우 손해가 어느 정도인지 구체적으로 설명해주는 것이 좋다. 손해를 강조하는 이 작전은 중요하다. 구입한 경쟁자나 기업을 구체적으로 밝힘으로써 구매욕구를 자극하는 것도 좋다.

사명에 확고한 긍정적 태도

잔 다르크는 눈에 보이는 증거는 하나도 제시하지 않았다. 그녀는 "저를 오를레앙으로 보내주십시오, 그러면, 거기서 제가 하느님으로부터 보냄을 받았다는 증거를 보여드리겠습니다."라고 말했다. 그녀는 자신의 사명에 확고한 긍정적 태도를 가지고 있었다. 그녀의 대답이 너무 확신에 차 있었기에 "잔 다르크가 샤를7세의 친동생이었기 때문에 그 정도로 당당할 수 있었던 것이 아닐까?"라고 관측하는 사람들이 있었다고 한다. 실험결과에 의하면, '사람들은 사실보다도 긍정적이고 생생한 정보에 설득 당한다.'는 사실이다. 요컨대 비즈니스맨은 사명에 확고하고 긍정적 태도를 보일 때 고객의 긍정적 반응을 이끌어 낼 수 있다.

경청의 기술

배려를 보이는 태도

밴 펠드맨은 미국 보험업계의 창시자이다. 그는 "나는 상대방의 문제에 대해서만 이야기를 합니다. 나는 그들의 이야기를 잘 들어주는 사람으로서 세계 최고라고 스스로 느낍니다."라고 말했다. 남의 이야기를 경청해주는 것은 남에 대한 배려의 표현이다. 이는 상대에게 감정적 만족을 준다. 설득은 사람들의 감정적인 필요를 만족시키는 데 도움이 될 때만 성공할 수 있다. 그러므로, 고객의 말에 경청하고 배려를 보이는 태도는 기본적인 비즈니스 자세인 것이다.

적당한 선에서 '자아도취'

와타 히로미는 1991년 일본 브리태니커사에 입사, 전세계에서 2위의 탁월한 영업실적을 올렸다. 히로미는 "똑바로 시선을 맞추고 상대방을 바라보는 것에서 비즈니스를 시작한다. 목소리가 활기차고 명랑해야 한다. 상대의 기분을 존중해주고 서로를 배려하는 마음이 필요하다."라고 말한다.

비즈니스맨은 상대방의 이야기를 경청하는 태도가 중요하다. 또한 고객이 스스로 판단하고 결정했다는 느낌이 들도록 배려해주어야 한다. 대부분의 비즈니스맨은 "거절당하면 어쩌지?"하는 두려움을 갖고 있다. 결과가 없더라도 '좋은 경험이 되었다'라고 생각하고 다음 고객을 향해 나아가는 자세는 큰 힘이 된다. 히로미는 "적당한 선에서 '자아도취'를 하는 것도 도움이 된다."라고 말한다. 이는 두려움을 없애주며 상대를 여유롭게 대할 수 있게 해준다.

믿음을 주는 일

로버트 슈크는 보험회사 비즈니스맨으로서 뛰어난 능력을 발휘하였고 보험회사 설립자로 최고경영자를 역임하였으며 35종이 넘는 저서를 집필한 베스트셀러 작가이다. 로버트 슈크는 "유능한 세일즈맨들은 자기 회사와 자사 제품에 확신을 가지고 있기 때문에 성공하는 것이다. 그들의 신념이 워낙 강하기 때문에 그가 접촉하는 사람들도 그것을 믿지 않을 수 없다"고 말한다. 비즈니스맨은 고객에게 자기 자신과 회사, 자사 제품에 대해 믿음을 주는 일이 중요하다. 슈크에게 있어서 이러한 확신은 상대의 말을 경청하는 여유를 갖게 해주었고 자신감을 가지고 대할 수 있었다. 비즈니스맨은 융통성 있게 행동해야 하고, 상대방의 말을 잘 들어야 한다.

경청하는 자세

로버트 슈크는 "판매과정에서 고객의 말을 경청하는 자세가 매우 중요하다. 경청은 고객을 감동시켜 그의 마음을 얻는 가장 확실한 방법 중 하나이다."라고 말한다. 유능한 비즈니스맨은 말을 많이 하지 않음으로써 더 잘 판다는 사실이다. 비즈니스맨은 고객의 감정에 호소하는 것이 중요하다. 정말 열정적으로 설명하는 비즈니스맨은 성공한다. 중요한 것은 '무엇'을 말하는가가 아니라 '어떻게' 말하는가이다.

뛰어난 비즈니스맨은 경청하는 능력을 갖고 있다. 오프라 윈프리는 기자생활을 하면서 동정심을 가지고 들었던 경험들이 있었다. 이러한 경험들은 토크쇼 진행자인 그가 게스트와 감정적인 연결을 짓는 데 탁월한 능력을 발휘하게 해주었다. 듣기는 그 자체의 힘만으로도 놀라운 능력을 발휘한다. 뉴욕 양키스를 네 번이나 월드 시리즈로 이끌었던 명장 조 토레 감독은 "절대로 감정을 분출하거나 폭발시켜서는 안 된다"고 말했다. 상대의 말을 묵묵히 들으면서 공감하기는 스포츠 팀 감독이나 비즈니스맨이나 필수적이다.

질문의 기술

자신들이 확인한 것에 확신

프랑스의 철학자 파스칼은 "사람들은 대개 다른 사람의 것이 아닌 자신들의 이성으로 확인한 것에 더욱 확신을 갖는다."라고 말했다. 이는 비즈니스맨으로서 유념할 심리 현상이다. 그러므로 상대방에게, "당신의 입장이 공정한 해결책이라고 믿는 데에는 충분한 이유가 있으리라고 생각합니다. 그 이유를 말씀해주시겠습니까?" 하고 요청하는 것은 좋은 질문일 가능성이 높다.

도로시 리즈는 전문연사로 활동하고 있다. 그녀는 1982년 유방암 진단을 받았다. 그는 의사에게 "어떤 선택을 할 수 있나요?"라고 물었다. 그녀는 결국 다른 선택이 있다고 말하는 의사를 만났고 종양 제거수술과 방사선 치료를 받고 암을 이겨냈다. 그녀는 질문 덕분에 암을 이겨내는 경험을 하게 되었고 질문을 하면 뜻밖의 놀라운 결과를 얻는다는 사실을 깨달았다. 리즈는 "질문하지 않는 것은 지도가 없이 여행을 떠나는 것과 마찬가지다. 더 많은 질문을 한다면 삶이 풍요로워질 것이다."라고 말한다.

자신의 말을 믿는 경향

사람들은 상대방의 말보다 자신의 말을 믿는 경향이 있다는 것이다. 도로시 리즈는 질문의 효과를 본 사례를 소개하고 있다. 주부인 제니스는 남편에게 물었다. "어떻게 해야 새 차를 사겠다는 결정을 내릴까요?" 남편은 새 차를 사는 비용이 수리하는 비용보다 덜 든다면 차를 사겠다고 대답했다. 제니스는 그 동안 자동차 수리비에 들어간 내역을 남편에게 보여주었고 남편은 결국 새 차를 사는 데 동의했다. 제니스는 남편이 새 차를 사는 편이 경제적이라는 사실을 스스로 납득하려면 무엇이 필요한지 질문했을 뿐이다. 남편은 제니스가 수집한 증거를 보고 스스로 자신을 설득한 것이었다.

설명해주기보다 유도 질문을

심리치료사인 베스 앨토퍼는 "나는 환자에게 설명을 해주기보다는 유도 질문을 한다. 환자 스스로 뭔가를 깨닫고 의지를 갖고 건강을 회복한다."라고 말했다. 질문을 해서 상대 스스로 생각하게 하고 답을 찾게 하는 것이다. 질문하는 방법을 사용하는 것은 효과적이라는 사실이다.

설득하기, 영업하기에서 원리는 모두 같은데 그것은 상대방을 자기처럼 생각하도록 만드는 것이다. 비즈니스의 주된 목적은 물건을 파는 것으로 끝나는 것이 아니라 고객과의 관계를 수립하는 것이다. 어느 비즈니스맨은 25년 간 가장 많은 보험 상품을 팔았다. 그의 방법은 간단하고 단순했다. 그는 고객들과 함께 앉아 눈을 마주보며 "말해 보세요. 왜 생명보험이 필요할까요?" 그 대답을 하는 순간 고객들은 스스로 설득이 된다는 것이다. 질문을 잘 하는 것은 높은 수준의 분별력과 센스가 요구된다. 비즈니스맨은 항상 연구하며 상대를 관찰하며 자신의 능력을 시험해봐야 한다. 대면기술을 높이는 것은 비즈니스의 핵심 사항이다.

적시에 적절한 질문을

미국의 위대한 보험 비즈니스맨인 프랭크 베트거는 여러 여정을 거쳐 보험 외무원으로 새 출발을 하게 되었다. 그는 판매란 넓은 의미의 화술이고 각색이라는 것을 알게 되었다. 그리고, 상대에게 질문을 재치있게 하는 것이 흥미와 효과를 산출한다는 것을 알게 되었다. 베트거는 상대로 하여금 말을 하도록 함으로 상대의 견해를 들을 수 있었다. 비즈니스에서 듣는다는 것은 아주 중요하다. 상대의 얘기 중에서 위트를 발견하는 것, 요컨대 듣는 명수가 되는 것이 중요하다. 적시에 적절한 질문을 하여 얘기 줄거리가 끊어지지 않도록 주의를 기울이는 것도 좋다.

당시 뛰어난 세일즈맨이던 클레이튼 헌시커는 베트거에게 "세일즈에서 가장 중요한 것은, 상대방이 무엇을 원하는지 파악한 다음 그것을 얻기 위한 최선의 방법을 찾도록 도와주는 거야. 자네는 아무데나 질러보다가 우연히 그가 원하는 것을 알게 된 거야. 그런 다음 그것을 어떻게 얻을 수 있는지를 보여주었던 거지. 더 많은 질문을 함으로써 화제의 초점이 계속 그가 원하는 문제에만 머물러 있도록 했던 거야. 이 한 가지 원칙만 기억한다면 영업은 아주 쉬워질 거야"라고 말했다.

상대를 높여주는 효과

베트거는 상대방이 이의를 제기하거나 코멘트를 할 때마다 다른 질문을 함으로써 공을 되받아 쳤다. "앨런씨, 어떻게 이 사업을 시작하게 되셨습니까?"라는 그의 질문은 효과가 있었다. 그는 상대방의 희망, 야망, 목표 등을 물어보았는데 주로 질문을 함으로써 그들 스스로 베트거에게 답을 제시하도록 만들었다. 질문을 함으로써 상대방에게 자신의 생각을 알리고 그의 의견을 물어보면 상대를 높여주는 효과가 있다는 것이다.

베트거는 "왜?"라고 물었다. 상대방이 이의를 제기할 때마다 그는 "왜?"냐고 물었는데 그 자신이 내세우는 이유가 정당하지 않다는 사실을 스스로 깨닫고 구입하였다고 한다. 베트거는 "그것뿐만 아니라 무슨 다른 이유가 있는 것 아닙니까?"라는 질문이 중요하다고 생각했다. 또한 "왜 그런지 이유를 말씀해 주시겠습니까? 다른 이유가 있으신 것 아닙니까?"라는 질문은 좋은 결과를 가져올 수 있었다.

친구를 만드는 비결

베트거는 "사람들은 정직한 칭찬과 존경에 굶주려 있으며 칭찬과 존경을 상대방에게 적절히 표시하는 것은 친구를 만드는 비결이다."라고 말한다. 그는 사람들에 대해 진정한 관심을 가졌는데 이는 지속적인 우정을 쌓는데 큰 도움이 되었다. 베트거는 "나는 고객에게 '이 사업을 어떻게 시작하게 되었습니까?'라는 질문을 하였는데 이 질문에는 뭔가 마술 같은 것이 있는 듯하다."라고 말한다. 그가 사람들에게 비즈니스맨으로 접근하였던 방법은 매우 효과적이었다.

베트거는 다른 유능한 비즈니스맨으로부터 중요한 것을 배웠다. 그는 유능한 비즈니스맨인 윌키가 일러준 대로 "맞습니까? 엘리어슨씨?"하고 물었다. 그리고 고객에게 "여기에 서명을 하십시오."라고 말했다. 어느 누구도 그 기법 때문에 베트거에게 화를 내지는 않았다고 한다. 이처럼 비즈니스의 기술을 끊임없이 연마하고 실험하는 자세는 향상의 길에 머물도록 하는 중요한 요인이 된다는 사실이다.

질문하고, 해결책을 제시하는 일

보험왕으로 인정받았던 토니 고든은 보험업계에 들어와 8년 만에 MDRT회원이 된 이후 23년간 자격을 유지해온 전설적 실적을 보여주었다. 16세의 나이에 고교를 중퇴했던 그는 1969년에 보험업을 시작했다. 비즈니스 활동을 하면서 "아니오, 틀렸습니다." "이해를 못하시는군요." "당신은 그렇게 할 수 없습니다."라는 식의 말은 고든의 사전에서 모두 사라지게 되었다. 대신, "예, 맞습니다. 단 한 가지 빼고요. 제가 좀 다르게 설명해 드리겠습니다."라는 말로 바뀌었다.

근본적으로 보험 비즈니스는 사람을 찾아 가서, 질문하고, 간단한 문제들을 찾아내고, 복잡하지 않은 해결책을 제시하는 일이다. 고든은 새로운 고객보다 기존 고객에게 보험을 가입하도록 권유하는 것이 훨씬 쉽다는 점을 알게 되었다. 그는 보험상품 설명을 융통성 있게 하였다. 그의 역할은 고객들이 안고 있는 문제들에 대해 알아듣기 쉬운 해결책을 제시해서 보험상품에 가입하도록 충분한 동기부여를 하는 것이었다.

고객 자신의 성공담을 이야기할 기회

고든은 고객에게 가장 중요한 질문을 했다. "조지 씨, 지금의 당신이 있기까지 어떻게 시작을 하셨는지요? 지금의 사업을 위해서 어떻게 사업을 시작하셨는지요?" 고든의 질문에 대부분의 사업가들은 자신들의 성공담에 큰 자부심을 갖고 얘기했다는 사실이다. 고든의 고객은 자신의 성공담을 이야기할 기회를 갖게 되었고 그는 고객에 대해 많은 정보를 캐낼 수 있는 기회를 갖게 되었다.

고든은 이따금 "그래서 어떻게 하셨어요?" "어떻게 그렇게 하기로 결정을 하셨나요?" "결과에 대해 만족하시나요?" "전적으로 당신의 노력으로 성공하신 건가요? 아니면 누군가의 도움으로 성공하신 건가요?" 등의 질문을 하기만 하면 되었다. 특히 마지막 질문이 아주 필요하였는데, 그 질문에 상대방은 틀림없이 전적으로 자신의 힘으로 성공했다고 말했다는 것이다.

질문의 명수

고든은 질문의 명수였다. 그는 "조지 씨, 맞습니다. 이제 곧 희생을 각오하셔야 합니다. 지금 조금 희생을 하시든가, 아니면 나중에 큰 희생을 하시는 거죠. 지금 조금 희생을 하신다면, 조금 적은 수입으로 생활을 하시게 됩니다. 선택이란 '내일의 큰 희생을 막기 위해 오늘 작은 희생을 할 준비가 되어 있는가?'라는 것입니다"라고 말했다.

고든은 "비즈니스맨은 고객이 '필요로 할 액수'에 대해 그가 원하는 액수를 물어보아야 한다. 우리는 그들이 원하는 것이 무엇인가에 눈을 돌려야 한다."라고 말한다. 그는 개인연금 가입유치에 필요한 간단한 방법을 개발했다. 그에게 필요한 것은 고객이 연금에 더 많이 투자하지 않는 이유와 연금에 가입하지 않은 이유에 맞춘 간단한 프레젠테이션이었다. 토니 고든이 보험왕으로 인정받았고 MDRT회원이 된 이후 23년간 자격을 유지해온 전설적 실적을 보여준 것은 우연이 아니었다. 자신의 대면기술을 갈고 닦아 실천하였기 때문이다.

고객이 최우선으로 가치를 두는 것

비즈니스맨은 고객의 관심사를 들어주고 그들의 질문을 경청하여 당신이 중요한 사람이라는 느낌을 받게 해야 한다. 비즈니스맨은 대화를 통해 고객이 최우선으로 가치를 두는 것을 알아내야 하며 고객의 입장에서 배려를 하고 있다는 느낌을 주어야 한다. 또한 고객의 구매결정을 최소화시킬 수 있는 제안이 필요하다. 비즈니스맨은 문제에 대한 해결책을 제공하거나 코치 역할을 해야 한다.

비즈니스에서 가장 최선의 대화 시작은 질문하는 것이다. 대화에서 비유는 이해를 돕는 데 효과적이다. 비유는 간단한 것이 최선의 방법이다. 고객은 불필요한 구매에 대해 걱정한다. 비즈니스맨의 임무는 고객의 걱정을 덜어주고, 해결책의 긴박함을 이끌어내는 것이다. 이러한 과정에서 계약으로 이끌려면 신뢰를 얻어야 한다. 비즈니스맨이 신뢰를 얻으려면 고객 이익을 우선한다는 점을 보여주어야 한다.

상대방의 입장에서 생각하는 습관

"만일 … 라면?"이라는 질문은 논쟁하기를 좋아하는 사람들에게 매우 효과적이다. 판매를 위한 화술에서는 제품의 특징을 팔려고 해서는 안 되며 그 장점을 팔아야 한다. 가장 중요한 것은 당신 자신이며 자신을 매력 있는 사람으로 보이게 해야 한다. 비즈니스맨은 협상에서 확률이 아무리 희박하더라도 강자의 입장에서 임해야 한다. 절대로 비굴해서는 안 된다는 것이다.

반대를 처리하는 과정에서 선결조건은 상대방의 입장에서 생각하는 습관이다. 반대에 관한 질문을 던지는 가장 효과적인 방법은 고객의 말을 질문으로 바꾸는 것이다. 예를 들면, "따님을 학교에 보내는 돈을 투자라고 생각하십니까, 아니면 비용이라고 생각하십니까?"라는 질문이 효과적이다. "만약 … 하다면 '예스'라고 결정을 하겠습니까?"라는 질문이 필요할 수 있다. 문제를 분리하여 해결책을 제시할 수 있다. 이는 고객에게 얼마나 많은 이익을 제공할 수 있는지를 증명하는 데에 목적이 있다.

고객의 마음을 여는 것은 매우 중요

상담에서 고객의 마음을 여는 것은 매우 중요하다. 그냥 상품을 보여주는 것보다 "구입을 결정하는 데 가장 중요하게 생각하는 것은 무엇입니까?"라고 질문하는 것이 좋다. 이 질문에 고객이 대답하는 것을 요약하여, "당신이 중요하게 생각하는 그것으로 만족하시겠습니까?" "결정하는 데 중요하게 생각하는 또 다른 사항은 무엇입니까?"라고 묻는 것도 필요하다. 고객이 이처럼 대화에 참여하게 되면 고객은 자기가 말한 상품에 대해 더욱 갈망하게 된다. 이는 고객이 가장 중요하게 여기는 가치를 파악하는 중요한 질문이다.

고객을 격려해 어떤 질문에서건 긍정적인 대답을 이끌어내고 당신의 생각에 동의하도록 유도해야 한다. 고객이 비즈니스맨에게 동의할 수 있는 질문들을 덧붙이는 것은 대답을 은연 중에 하도록 유도하는 효과가 있다.

유사성의 기술

대화와 성공 사이에 연관성이

필 하킨스는 컨설팅 회사인 링키지 주식회사의 대표이사이며 리더십과 의사소통 분야의 권위자이다. 그는 지난 30년 동안 리더십을 연구해왔고, 지난 10년간은 회사가 그의 연구실이었다. 하킨스는 "나는 대화와 성공 사이에 연관성이 있다는 것을 깨달았다."라고 말한다. 그는 "대화는 감정과 믿음, 생각 등을 공유하는 데서 출발한다."라고 말한다. 효과적인 대화는 개방성과 정직성, 높은 상호이해 수준과 친밀함 등이 갖춰져야 한다. 이는 대화자간에 감정에 대해 개방적이고 정직해야 한다는 것이다.

신뢰를 쌓는 대화가 중요

비즈니스맨은 고객과의 신뢰를 쌓는 대화가 중요하다. 좀더 효과적이고 지속적인 관계를 위한 대화는 '밀어붙이기'가 아니다. 다시 말하면 고객을 '끌어당기는 대화'가 중요한 것이다. 이는 대립하거나 반론하거나 일방적으로 설득하는 대화가 아니라, 긍정적이고 열정적인 기분을 수반하는 대화이다. 상대의 말에 맞장구를 쳐주고, 상대가 말하면서 하는 몸짓에 호응하면 신뢰를 높이고 의사소통은 쉬워지게 된다는 것이다. 상대와 같은 위치, 같은 리듬, 같은 속도로 호흡하는 것이 중요하다.

사람들은 자신과 유사성이 높을수록 호감을 느낀다고 한다. 같은 의견, 같은 고장 출신, 취미가 같은 것 등 유사성은 효과가 있다. 비즈니스맨이 상대에게 호감을 가지면 상대도 호감을 갖게 될 가능성이 높다. 상대에게 호감을 갖는 비결은 흥미를 갖는 것이다.

친밀감을 높이는 몸짓

상대와의 대화에서 친밀감을 높이는 방법에는 몸짓으로 하는 방법이 있다. '미러링'은 거울을 보듯이 상대방을 따라 하는 것을 말한다. 상대의 목소리의 톤, 고저, 쉼, 성량을 모방하여 따라한다. 또한 상대가 말하는 단어, 표현 등을 그대로 따라하면 상대와 친밀감을 높이는 효과를 얻게 된다는 것이다. 이는 일종의 '흉내내기'인데, 상대의 몸짓을 미러링하면 그와 같은 감정 상태를 경험할 수 있고 상대방과 친밀감을 이룰 수 있다는 것이다. 의도적으로 타인의 몸짓과 자세를 흉내내다보면 같은 감정이나 생각을 갖게 되어 결국 둘 사이에 신뢰가 형성된다.

비즈니스맨이 고객과의 좋은 분위기를 만드는 대화 방법의 하나는 상대방이 사용하는 단어를 사용하는 것이다. 비즈니스맨이 고객이 사용하는 같은 단어를 사용하면 서로 간에 공감대가 형성되기 쉽다. 이를 언어의 매칭이라고 부른다.

고객 두려움을 완화하는 기술

안전이 풍요보다 중요

생물학자 제이콥 폰 웩스컬은 유기체들에게 있어 "안전이 풍요보다 더 중요하다"는 것을 발견했다. 인간의 심리상 손실은 이득보다 더 커 보인다. 인간은 장래에 대한 불안감과 함께 현재 상황에 대해 두려움을 갖고 있다. 비즈니스맨은 이러한 고객의 원천적 두려움을 극복해야 한다.

연구에 의하면, 6가지 소재를 선택한 학생들은 30가지 소재를 선택한 학생들보다 더 많고 더 좋은 논문을 작성했다. 많은 선택 사항이 있는 것은 복잡함을 일으키고 결정에 대해 두려움을 갖게 한다는 것이다. 이는 비효율적인 결과로 인도하게 되는 원인이 되기도 한다. 고객에게 선택 사항을 많이 제시하는 것은 매우 비효율적이다. 몇 가지만 제시하여 쉽게 선택할 수 있게 해야 한다.

부정적 정보를 신뢰하는 경향

우리는 결정을 내려야 할 때 후회를 경험할 가능성이 가장 적은 대안을 선택한다. 대부분의 사람들은 작지만 확실한 이득과 크지만 불확실한 이득 사이에서 선택할 때 위험을 꺼리는 경향이 있다. 심리학자 스코론스키는 "인간에게는 부정적인 정보를 지나치게 신뢰하는 경향이 있다."고 주장했다. 긍정적 정보와 부정적 정보가 있으면 부정적 정보에 기울일 가능성이 더 높다는 것이다. 심리학자 버렐라는 "우수한 세일즈맨은 '이 제품의 어떤 점이 마음에 드십니까?' 라는 형태로 질문을 한다."고 지적했다. 그 질문에 대해 대답을 하는 고객은 자신이 한 말을 확신하게 되고 그에 따라 결정하게 된다.

심리학자 맥로스키는 '자료나 사실이 뒷받침되면 잘 설득된다'는 것을 확인했다. 인간을 움직이는 원동력에는 공포심이 있다. 상실의 공포심은 구매 의욕을 자극하는 요인이다. 비즈니스맨은 사실이나 증거를 구체적으로 제시하여 구매 이유를 뒷받침해야 한다. 사람의 마음은 객관적인 증거에 약하다. 비즈니스맨은 고객에게 상품을 구입하지 않음으로써 발생하는 위험이나 불이익을 부각시키는 것이 중요하다.

피해에 대한 두려움

인간의 본성에 관해서, "피해에 대한 두려움은 피해의 크기에 비례할 뿐만 아니라 피해가 발생할 확률에도 비례한다. 부의 증가로 생기는 효용은 이미 소유하고 있는 재화의 양에 반비례하게 마련이다"고 스위스의 수학자인 다니엘 베르누이는 1738년에 발표된 그의 논문에서 말했다. 벽돌 하나를 잃는 고통이 벽돌 하나를 얻는 즐거움보다 더 큰 것이다. 심리학자 카너먼과 트버스키는 '손실이 주는 실망은 얻는 기쁨보다 크다'는 것을 입증했다.

뛰어난 비즈니스맨인 지글라는 "구매자는 당신의 논리보다 확신의 깊이에 의해 더 많이 설득된다."라고 말한다. 확신에 근거한 설득이 중요한 것이며 불필요하고 단조롭게 말하는 것은 효과가 없다는 것이다. 조용하고 자신감 넘치며 능동적이고 확신을 주는 비즈니스맨은 고객에게 두려움을 극복할 수 있는 힘을 준다. 확신이란 감정적인 면이 강하며 뛰어난 비즈니스맨이 되기 위해선 감정이입도 가져야 한다. 비즈니스맨은 자신에 대한 이미지가 너무나 중요하다.

신뢰하면 두려움 없이 구매

지글라는 "뛰어난 세일즈맨은 외향적이라기보다 훨씬 더 내향적인 사람이다. 외향적인 사람은 첫 인상을 좋게 준다. 내향적인 사람은 철저히 연구하고, 상품을 잘 알고 있는 사람이다. 그는 좀더 조직적이다. 비즈니스에서는 신뢰, 관계 등이 중요한 열쇠이다."라고 말한다. 지글라의 말은 매우 중요한 것을 밝혀준다. 비즈니스맨은 외적인 분위기를 조성하는 사람보다 신뢰 관계를 확립하고 높은 수행능력을 조용히 발휘하는 사람들이 더 성공 가능성이 높다는 것이다.

그러므로 흔히 비즈니스맨은 외향적인 사람이 성공 가능성이 높다고 하는 것은 착각이다. 요컨대, 말이 많고 활발하며 부지런한 것처럼 보이는 외향적인 사람보다 신뢰를 더 중시하며 원칙적이며 착실하게 임무를 수행하는 사람이 더 뛰어난 비즈니스맨이 될 수 있다는 것이다. 비즈니스맨을 신뢰할 수 있는 고객은 두려움 없이 구매할 수 있는 것이다.

의심하는 경향

비즈니스맨에 대하여 많은 사람들은 속고 있는 것은 아닌지 의심하는 경향이 있다. 이는 실제로 속이고 사기꾼 같은 영업맨들이 다수 있기 때문이다. 고객에게 구체적인 데이터를 제시하는 것은 매우 효과적이다. 사례를 들어 이해시키든지 상품의 장점을 보여주는 것이 중요하다.

대면 판매에서는 고객이 물건을 접촉하고 사용해보도록 하는 것이 중요하다. 이는 소비자를 판매과정에 참여시키는 전략이다. 이 방법은 소비자의 반응을 2~3배 증가시킨다. 뛰어난 비즈니스맨인 슈거맨은 전자사전 광고에서 "틀린 철자를 발견하면 거기에 동그라미를 치세요. 그리고 그 광고를 오려 우리에게 보내시면 정답 하나마다 정가에서 2불씩 할인해 드리겠습니다."라고 제시했다. 그 결과 소비자의 반응은 대단했다고 한다.

최적의 가격에 사는 걸까?

소비자들은 특정 분야의 전문가들을 신뢰한다. 권위를 내세울 만한 요소를 강조해야 한다. 회사이름이나 그 분야에 정통한 권위자 등 권위가 될 만한 요소들은 다양하다. 권위를 이용하면 고객이 구매 결정을 내리는데 그 결정에 대한 확신을 심어줄 수 있다.

결국 모든 소비자는 "나는 이 제품을 최적의 가격에 사는 걸까?"라고 생각한다. 비즈니스맨은 그 문제를 다루어야 하며, 가격 비교나 가격 정보를 거론하여 그것을 해결해주어야 한다. 대면 판매에서는 먼저 고가의 모델을 보여준 후, 저가의 모델을 보여주면 고객은 구입할 가능성이 높아진다. 효과적인 기금 모금자는 처음에는 엄청난 금액을 요청한다. 그 다음에 원래 금액보다 훨씬 적은 금액을 다시 요청하는데 그러면 모금할 가능성이 높다는 것이다.

고객의 두려움을 완화시킬 수

뛰어난 비즈니스맨인 스즈끼는 "비즈니스에서 '할 수 있다'라고 긍정하는 것이 아니라 '가능하지 않다고 생각합니다만…'처럼 사용하는 말에 따라 고객은 무의식중에 비즈니스맨의 말을 따르게 된다."라고 말한다. 비즈니스맨은 확신을 가지고 자신감을 보여주는 것이 중요하다. 이는 고객의 두려움을 완화시킬 수 있다.

판매에서 이용할 수 있는 위기의식의 개념은 두 가지 감정적인 면과 관련이 있다. 하나는 손실 즉 무언가를 잃을 가능성이고, 다른 하나는 망설임이다. 지금 당장 구입해야 할 동기나 이유를 제시해야만 한다. 지금 구매하지 않으면 손해라는 위기의식을 갖게끔 해야 한다. 구매를 유발할 수 있는 설득력 있는 이유를 미리 준비해두는 것이 필요하다.

상상력을 자극하는 기술

구매는 상상력의 영향을 많이

비즈니스맨은 고객이 감정에 의해 구매하고 논리에 의해 합리화한다는 사실을 알 것이다. 고객에게 "당신이 … 한다면 … 상상해보십시오."와 같은 말을 사용하면 종종 좋은 효과가 나올 수 있다. 구매는 상상력의 영향을 많이 받는다. 그러므로 고객이 상품을 통하여 미래에 얻을 이익을 상상하게 되면 구매 의욕이 높아진다. 이 말은 마치 바이러스처럼 무의식으로 침투해 효과를 보일 수 있다는 것이다.

요시노 마유미는 도시샤 대학 경제학부를 졸업했다. 생명보험사와 컴퓨터 회사 영업직을 거쳐, 1994년 유아영어교재 개발판매회사인 월드 패밀리에 입사해 최고의 영업사원의 자리에 올랐다. 2005년에 독립하여 영업조직의 판매 확대와 실적 향상을 지원하는 마케팅 서포트 컨설팅주식회사를 설립하여 사장으로 취임했다.

'화장품'이 아니라 '아름다움'을

요시노 마유미는 "실적이 나쁜 영업사원들의 공통점은 상품 설명을 길게 한다는 것이다. 아름다고 건강한 자신과 미래에 대한 상상이 건강 보조제와 화장품 구입의 큰 동기이다. 즉 상품이 아니라 상품이 가져다 줄 자신의 멋진 미래라는 사실이다."라고 말한다. 사람들은 '화장품'을 사는 것이 아니라 '아름다움'을 위해 돈을 투자하는 것이다. 비즈니스맨은 그림을 보는듯한 묘사를 통해 고객의 상상력을 자극시키는 것이 필요하다.

비즈니스맨은 고객이 사지 않으면 결코 누릴 수 없는 이익을 강조해야 한다. 토지를 판매하고자 할 때, "고객님은 멋진 땅과 물고기로 가득한 이 멋진 호수를 갖게 되는 것입니다. 가장 좋은 점은 이처럼 조용한 곳에서 조용한 평화를 얻으실 수 있다는 것이지요. 더욱 중요한 점은 휴식과 생명력을 보충할 수 있다는 사실입니다"라고 추상적인 것을 강조해야 한다. 이는 구매의 이유와 구매의 구실을 제안한 것이다. 비즈니스맨의 침착하고 조용한 확신이야말로 고객에게 설득력을 갖는다. "고객께서는 얻을 것은 많지만 잃으실 것은 별로 없습니다."라고 말하는 것도 도움이 된다.

미래를 상상하도록 자극

성공적인 제안의 최고의 방법은 '독특한 판매제안'을 하는 것이다. 고객이 구매하고 싶도록 만드는 결정적인 이유나 논리를 제공하는 것이다. 진술 내용이 고객의 결정에 미치는 영향력은 5%에 불과하다고 한다. 예를 들어보면, "가능성이 있다고 상상해 보십시오!", "한번 가정해 보십시다.", "손님의 기대가 뜻대로 된다면 좋으시겠지요." 이런 언어 기호를 통해 고객에게 가상의 미래를 상상해 보라고 자극할 수 있다.

'희망'은 구매의 강력한 동기로 작용한다. 우선 제품의 혜택이나 효과를 암시하는 기법을 준비해야 한다. 비즈니스맨은 제안하는 상품이 고객의 문제를 해결해줄 것이라는 희망 또는 상상을 품게 해야 한다. 유의해야 할 사항은 '신뢰'이다. 비즈니스맨이 전문가이자 믿을 만한 인물로 비쳐지면 고객은 신뢰감을 갖게 될 것이다.

고객을 특별한 존재로

희망은 상상력에 동기를 부여하고 강력한 힘을 제공한다. 심리학자 아이젠은 "사람의 기분을 좋게 하면 부탁한 것이 관철될 수 있다"고 말했다. 아이젠은 소비자가 그 상품과 서비스를 생각하며 행복할 수 있게 만드는 것이 좋다고 주장한다. 이는 미래를 상상하는 행복이다.

한정 상품, 희소 상품, 오리지널 상품이라는 개념은 강력한 심리적 가치이다. 이는 고객을 특별한 존재로 만들어주는 데 있다. 단순함은 매우 중요하다. 판매의 모든 과정을 단순화해야 하며 구매 권유도 단순해야 한다. 간단한 말이 가장 강력한 효과가 있다. 고객에게 너무 많은 선택을 제시하는 것은 위험하다.

감정에 대한 기술

인간관계의 문제로 귀착

마크 매코맥은 예일대학 법대를 나와 변호사를 하던 1960년대 초에 500불도 안 되는 자본으로 회사를 설립하여 인터내셔널 매니지먼트 그룹(IMG)으로 성장하여 연간 수입이 수십억 불에 이르렀다. 매코맥은 "모든 비즈니스 상황은 인간관계의 문제로 귀착되게 마련이다. 상식이나 사람에 대한 감각, 세상사에 대한 지혜가 중요한 것이다."라고 말한다.

비즈니스에서 잘 듣는 능력, 적극적인 청취는 매우 중요하다. 전화통화와 직접 만나는 것은 매우 다를 수 있다는 사실이다. 그러므로 비즈니스를 진지하게 하려면 상대를 직접 만나야 한다. 성공한 비즈니스맨들은 대부분 높은 자존심의 소유자이다. 비즈니스란 상대방에게 분위기를 조성하면서 자신은 경계심을 유지하는 과정이다. 비즈니스맨은 상대방이 어떤 반응을 보이는가를 주목해야 한다.

유능해도 절반은 실패로

매코맥은 "세일즈는 자존심을 거는 행위이다. 유능해도 절반은 실패로 끝난다."라고 말한다. 대단히 유능한 비즈니스맨으로 정평이 났던 매코맥이 "절반은 실패로 끝난다."라고 말했다는 사실을 유념해야 한다. 세일즈의 실패는 타이밍이 맞지 않은 경우가 대부분이다. 비즈니스맨은 적절한 질문을 던짐으로써 단서를 끌어내야 한다. 효과적인 비즈니스는 타이밍과 인내력, 끈기, 상대방을 간파하는 감각과 직접 연결된다.

비즈니스맨은 자기 상품이나 서비스에 대해 신념을 갖는 것도 중요하다. 유념해야 할 것은, 바쁜 사람들은 주의 지속시간이 짧으므로 바로 요점으로 들어가는 것이 좋다는 것이다. 계약이 성립되면 쓸데없는 말을 삼가야 한다. 최선의 방법을 찾아내어 그것을 부각시키고 나머지 다른 것은 강조하지 않는 것이 비즈니스맨의 의무이다. 한 가지 이상의 해결책을 제시하면 고객은 별로 원치 않는 측면에 관심을 갖게 될 수 있기 때문이다.

상대의 체면을 세워주는 것

비즈니스맨은 계약의 결정권자가 누구인지를 알아야 한다. 그리고 계약의 핵심 인물과 일 대 일로 상담해야 한다. 실권이 없는 사람과 상담하는 것은 많은 시간과 정력을 낭비하는 결과가 되는 것이다. 매코맥은 "나는 어김없이 아놀드 파머의 이름을 거론하면서 그의 성공이 우리의 역할로 이루어졌음을 부각시킨다."라고 말한다. 그는 고객들에게 유명인과의 비즈니스 관계를 말하면 어김없이 효과가 있었다고 말한다.

비즈니스에서 자존심은 입장과 직결되므로 상대의 체면을 세워주는 것은 협상의 성공에 중요하다. 협상력은 설득하는 능력이다. 협상에서 최상의 규칙은 낙관적이 되는 것이다. 비록 협상이 실패로 끝날 가능성이 높아도 끝까지 낙관적인 태도를 유지하는 것이 중요하다는 것이다. 비즈니스맨은 상대방의 선택을 단순하게 만듦으로써 그가 더욱 쉽게 결정하도록 해야 한다.

고객과의 감정적 교감

다이아니 부허는 부허컨설턴트사의 창립자이다. 부허는 IBM, 엑슨모빌, 캐터필라 등 유명기업들에 교육 프로그램을 시행하고 있다. 부허는 "진정한 전문가는 긍정적인 태도를 유지할 수 있어야 한다. 고객의 문제를 해결하거나 필요성을 충족하기 위해 고객의 입장에서 생각해야 한다."라고 말한다.

프로 비즈니스맨은 가망고객을 만드는 것이 매출을 계속 꾸준히 이어나가는 방법이라는 것을 알고 있다. 이는 장래성 없는 가망고객을 가려내는 것을 의미한다. 효율적으로 일하는 비즈니스맨들은 의도적인 침묵을 활용하여 더 많은 정보를 얻을 수 있다. 비즈니스맨은 상대와의 대화에서 절대로 특정한 경쟁자와 비교하지 말아야 한다. 계속해서 말하지 말고 상대방의 비즈니스에 관해 질문하는 것이 더 좋을 수 있다. 이는 고객과의 감정적 교감에 중요한 사항이기 때문이다.

감정적인 호소로 가치를 파는 사람

대다수의 구매결정은 감정과 논리에 기초하여 결정된다. 비즈니스맨이 자신감 있게 하는 말은 더욱 권위를 갖게 된다. 비즈니스맨은 자신의 권위를 높여주는 수단들을 가능한 한 많이 갖추는 것이 좋다. 권위 있는 대화 방법, 자신감 있는 제안, 세부사항에 대한 입증자료, 비즈니스맨의 능력을 증명하는 객관적인 자료 등을 갖추는 것이다.

비즈니스 상담에서는 감성에 호소하는 것이 중요하다. 이는 구입함으로써 누리게 될 즐거움과 자랑스러움, 행복 등을 말해야 함을 의미한다. 모든 구매결정의 84%는 감정에 근거한다는 연구결과가 있다. 그러므로 논리에 의존하는 것은 효과가 낮다. 뛰어난 프로 보험비즈니스맨은 필요성을 팔지 않는다. 그들은 발생할 수도 있는 결과를 팔아 필요함을 '원함'으로 돌려놓는다. 훌륭한 비즈니스맨은 그 감정적인 호소를 이용해 가치를 파는 사람이다.

감정의 동물이고 허영심에 의해 행동

백화점 설립자인 존 워너메이커는 "나는 30년 전에 타인을 비난하는 것은 어리석은 짓이라는 것을 배웠다"고 말했다. 링컨은 남을 비평하는 것이 부작용이 많다는 것을 젊은 시절에 경험하였고 남을 비웃거나 모욕하지 않기로 하여 좋은 결과를 얻었다. 인간은 감정의 동물이고 편견에 가득 차 있으며 자존심과 허영심에 의해 행동한다는 것이다. 비즈니스맨은 사람을 상대하는 매우 어려운 사업에 종사한다. 인간의 이러한 심리를 충분히 인식하고 자신의 비즈니스에 활용해야 한다.

윌리엄 제임스 교수는 "인간성에 있어서 가장 심오한 원칙은 다른 사람으로부터 인정받고자 하는 갈망이다"고 말한 바 있다. 앤드류 카네기는 사람을 움직이는 유일한 방법은 그들이 원하고 있는 것에 대해 이야기하는 것이라는 사실을 깨달았다. 비즈니스맨들이 고객의 갈망을 해결해주고 상품이 문제를 해결하는 데 도움이 된다는 것을 보여줄 수 있다면 비즈니스는 저절로 이루어지게 될 것이다.

관심과 배려하는 마음

마술사 하워드 더스톤은 크게 성공한 비결을 말하면서 "나는 관중을 아끼고 사랑하고 있다!"라는 말을 무대에 나서기 전에 되풀이 한다고 했다. 비즈니스맨은 사랑에서 우러나오는 관심과 배려하는 마음이 큰 힘이 된다는 것을 경험할 것이다. 미시간 대학의 심리학 교수 제임스 맥코넬은 "미소를 지을 줄 아는 사람은 보다 효과적으로 성과를 올릴 수 있다. 경영이나 가르치는 일이나 세일즈 모두에 해당된다."라고 말했다.

비즈니스에서 몇 마디의 진실한 칭찬은 위력이 있다. 영국의 명 재상이었던 디즈렐리는 "사람들에게 그들 자신에 관한 이야기를 하라."고 말했다. 심리학자이며 철학자인 윌리엄 제임스는 "행동이 감정에 따르는 것 같지만 실제로 행동과 감정은 병행한다. 행동을 조정함으로써 우리는 감정을 조정할 수 있다"고 말했다. 고객에게 몇 마디 칭찬하는 말을 하는 비즈니스맨은 고객과의 감정관계가 좋아짐을 경험하게 되는 것이다.

자존심 즉 이미지를 수립하는 것

비즈니스맨은 고객이 구매하는 것을 돕는 것이며 고객에게 이익을 주었다고 느끼게 해야 한다. 비즈니스맨에게 반드시 필요한 것은 올바른 정신태도의 계발이다. 또한 건강한 자기 이미지를 세워야 한다. 맥스웰 말츠 박사는 "모든 정신치료의 목적은 환자의 자존심 즉 이미지를 수립하는 것이다"라고 말했다. 비즈니스맨에게 건강한 자아와 감정이입은 중요하다. 비즈니스맨은 구매자의 입장에서 문제를 밝혀내고 해결책에 몰입해야 한다.

스티븐 스콧은 아메리칸 텔레캐스트사의 설립자이자 억만장자이다. 스티븐 스콧은 애리조나주립대학을 졸업하고, 1971년 생명보험회사에 들어간 후 4개월 만에 사표를 냈다. 그는 1971년 클라스노트회사를 창업하였으나 8개월 만에 실패한 경험도 있다. 스콧은 그 후 여러 기업에 취업하기도 하였고 창업하기도 하는 많은 경험을 하면서 나름의 비즈니스 노하우를 터득했다. 스콧은 몇 가지 구체적인 교훈과 성공의 법칙, 그 실천방법을 따른 결과 결국 성공할 수 있었다.

비유나 예문을 들어 감정에 호소

그는 여러 단계들을 실천해서 1994년 2억3천만 불이 넘는 매출을 기록하는 성공적인 기업을 만들어냈다. 그의 회사가 직원1인당 얻는 이익은 '포브스'지가 1위로 뽑았던 회사의 두 배 이상이었다. 스콧은 "나는 소비자를 존경하는 태도에서부터 시작한다. 소비자들에게 우수한 품질의 제품과 훌륭한 서비스를 함께 제공해야 한다." 라고 말한다.

스콧은 비유나 예문을 들어서 감정에 호소하는 생동하는 문장을 만들었고 이를 비즈니스에 활용하였다. 그는 남을 고려하고 공평하게 대우해주는 게 훨씬 더 큰 이익을 남긴다는 사실을 경험하였다. 스콧은 성공이 지식만으로는 부족하다는 사실을 깨달았다. 비즈니스맨은 결단력, 용기, 끈기가 필요하다는 것을 그는 강조한다.

아주 수월하게 구매를 하도록 유도해야

조셉 슈거맨은 세일즈와 광고 마케팅으로 대부호가 되었고, JS&A사와 Delstar그룹을 일궈낸 현직 최고경영자이다. 그는 수십 년 간 제품이나 서비스를 판매해 온 경험이 있다. 그는 30여 년간의 많은 세미나와 판매 경험을 통해, 고객이 물건을 구입하는 이유의 95%가 잠재의식적인 결정과 관련되어 있다는 사실을 깨달았다.

슈거맨은 "고객이 아주 수월하게 구매 결정을 내리도록 유도해야 한다는 점이다. 일단 구매결정을 한 다음에 다른 옵션을 제안하면 받아들이는 확률이 높아진다."라고 말한다. 이는 '일관성'이라는 심리적 효과 때문이다. 명심해야 할 포인트는 '반드시 처음에는 간단한 것을 구매하도록 해야 한다는 점'이다. 비즈니스맨은 구매를 결정하도록 동기를 부여하거나 설득하는 심리적 기법을 알아야 한다.

구매하는 감정적 이유를 발견해야

어느 제품에 대해 품는 기대란 그 제품의 고유한 특성 즉 본질이다. 비즈니스맨은 제품에 대해 전문가가 되어야 한다. 어떻게 제조되었고 어떻게 사용하며 특별한 부가적 기능에는 어떤 것이 있는지 파악해야 한다. 고객에 대해서도 연구해야 하며 그들의 의견을 경청할 필요가 있다. 비즈니스맨은 제품을 이해하고 그 특유의 본질을 통해 고객과 관계를 맺어야 한다. 고객이 그 제품에 대해 관심을 갖는 이유를 파악해야 한다는 것이다.

비즈니스맨은 고객이 제품을 구매하는 감정적 이유를 발견해야 한다. 이는 고객과의 대화 등으로 항상 경청해야 가능한 일이다. 고객을 참여시키는 마케팅은 언제나 효과가 좋다. 가령 자동차를 판매할 경우, 고객이 시험운행을 해보도록 권장하는 것은 매우 중요한 방법이다. 고객에게 '소유'의 느낌은 참여의 느낌과 매우 비슷하다. 제품을 소유하고 있다는 이미지를 만들어 고객이 이미 그 제품을 구매했다는 느낌을 갖도록 유도하는 것이다.

먼저 결점을, 그 후 여러 장점들을 강조함

슈거맨은 먼저 제품의 결점을 드러내보였고, 그 후 여러 장점들을 강조함으로써 결점이 사소한 것처럼 보이도록 했다. 제품의 단점들을 먼저 밝히는 것이 마케팅의 출발점이다. 부정적인 생각을 비즈니스맨이 먼저 제기하는 것만으로도 상대의 기분을 편하게 해주고 문제의 중요성이나 심각성을 대폭 감소시켜 준다는 점이다. 이러한 태도는 신뢰감을 얻을 수 있으며 고객의 의구심을 제거하는 데 도움이 된다.

고객은 감정으로 구매하고, 이성으로 그 구매를 정당화한다. 많은 광고가 실패하는 이유에는 제품을 논리적인 차원에서 선전하려 했기 때문이다. 사실적인 정보보다 감정에 초점을 맞추어 제품의 본질과 감정적인 효과를 이해하는 것은 마케팅에 큰 도움이 된다. 예를 들어, 제품을 '사다'라는 표현 대신에 제품에 '투자하다'라고 표현하는 것이 더 긍정적으로 들린다는 것이다.

살 만한 정당한 이유가 있는가?

말의 힘은 엄청나다는 사실이다. 한 회사는 '수리하다'라는 단어를 '장식하다'로 바꾸어 소비자의 반응을 20%가량 증가시킨 적이 있다. 비즈니스맨은 단어들의 감정적인 효과를 알아야 한다. 사용하는 표현들이 판매의 효율성과 깊은 관련이 있다는 사실을 깨달아야 한다.

논리는 진지하며 감정적인 구매를 정당화하는 강력한 요소이다. 비즈니스맨은 "내가 이 물건을 살 만한 정당한 이유가 있는가?"라는 고객의 의문에 대답할 수 있어야 한다. 정당한 이유를 제시함으로써 의심을 미리 해결해주어야 한다. 안전성, 성능, 기능 등의 장점이나 비용절감, 속도, 경쟁우위 등의 근거를 마련해주어야 하는 것이 논리이다. 높은 가격의 제품을 제시하고 나서, 낮은 가격의 제품을 권하면 훨씬 싸다고 느껴지게 된다.

클로징의 기술

클로징은 종결제안이라고도 한다. 이는 계약 체결의 과정에서 계약을 완결하는 단계이다.

"왜냐하면"을 사용하면 효과

하버드 대학 심리학자 랑거 박사는 부탁하는 상황에서 "왜냐하면"을 사용할 경우 효과가 있다는 것을 확인하였다. 부탁하면서 그 이유를 "왜냐하면"이라는 말과 함께 제시하면 좋은 효과가 있다는 것이다. 비즈니스맨이 조심해야 할 것은 고객이 압력을 받는다고 느끼지 않게 해야 한다. 고객과의 대화에서 "이 상품을 구입하는 것은 고객님이 결정할 일이죠"라고 말한 후, "반드시 … 하시라는 건 아닙니다."라는 말을 사용하면 고객에게 압력을 준다는 인상을 주지 않게 된다.

조우지 스즈끼는 심리학박사이며 의학박사이다. 그는 "고객의 의견을 직설적으로 부정하면 감정만 거슬리는 결과를 낳는다. 자사 상품의 약점을 먼저 말하고 그런 약점들을 극복하고 남을 만한 좋은 점들을 구체적으로 밝히는 것이 중요하다."라고 말한다.

'아니오'라고 말을 않게 하는 것이 중요

스즈끼는 "긍정의 '예스'를 말하면, 인간의 마음은 점점 부드러워진다. 이는 구매 욕구를 불러일으키게 하는 힘이 된다."라고 말한다. 비즈니스맨은 고객이 대화에서 '아니오'라고 말하지 않게 만드는 것이 중요하다. 고객의 말을 긍정적으로 받아들이고 있다는 자세를 보여야 한다. 그러한 분위기에서 클로징을 시도해야 한다.

비즈니스맨은 고객의 마음이 스스로 움직여 결론을 이끌어내도록 해야 한다. 고객에게 지나치게 상세히 설명하면 지루하게 느끼기 시작한다. 고객 스스로가 결론을 찾아낼 수 있도록 해야 한다. 가장 강력한 판매의 힘은 '정직'이다. 소비자는 참으로 영리하다. 고객은 진실을 높게 평가한다. 대면판매에서도 비즈니스맨의 모든 말과 행동은 정직해야 한다.

약간 빠른 어조로

연구 결과, "성공한 카운슬러들은 거의 대부분 빠른 어조를 가진 사람들"이라는 사실이다. 비즈니스맨은 대화에서 약간 빠른 어조로 말하는 것이 좋다. 빠른 어조는 활동적, 적극적이라는 평가를 받으며 설득력이 높아진다. 중요하고 핵심적인 부분은 천천히 말하고 나머지는 빠른 어조로 말하는 것이 효과적이다. 클로징에서 이를 활용해야 한다. 유창함 즉 말을 빨리 하는 것은 곧 업무능력이 뛰어나다거나 지적 수준이 높은 것으로 평가받는 중요한 요소이다. 유창하고 빠르게 말하는 연습을 반복해야 한다.

구입할 것이라고 "가정하는 것"이 중요

심리학자 스폰버그가 밝혀낸 원칙은 "상대방이 흥미를 보이지 않을 때는 강력한 데이터를 먼저 내놓아야 한다. 반대로, 흥미를 보일 때는 가장 마지막에 그 데이터를 내놓는 것이 효과적이다"라는 것이다. 인간은 논리적인 좌뇌와 직관적인 우뇌를 모두 이용한다. 인간은 시각화와 상상을 활용하여 긍정적으로 생각하는 것이 가능하다고 한다. 비즈니스맨은 자신의 말과 설명이 사람들에게 즐거운 그림을 연상시킬 수 있게 하는 것이 중요하다. 클로징에서는 반드시 긍정적인 단어를 사용해야 하고 부정적인 단어를 회피하는 것이 중요하다.

비즈니스맨은 고객이 구입할 것이라고 "가정하는 것"이 중요하다. 고객이 당신 제안에 동의하리라는 것을 상상하면 좀더 긍정적인 대화를 할 수 있기 때문이다. 클로징에서 고객에게 "해야 한다"라고 말하지 말고 "하시면 됩니다."라고 하는 것이 좋다.

자신감과 박력이 절대적인 요건

사람들은 상품이 싫은 것이 아니라 비즈니스맨과 이야기하는 것을 번거롭게 생각한다고 한다. 비즈니스맨에게 자신감과 박력은 절대적인 요건이다. 주문을 받으려는 의욕이 매우 중요하다. "좋은 상품이다"라는 고객의 안심감이 중요하다. 비즈니스맨이 확신을 갖고 의욕을 보이면 고객은 안심할 가능성이 높다. 다만, 지나친 의욕을 조심해야 한다.

클로징에서 최대의 포인트는 우선 고객이 승낙을 하게 만드는 것이다. 거절을 유발할 듯한 화법은 사용하지 않아야 한다. 자신 있는 태도로 단정하면서 말하는 것이 필요할 수 있다. "어떻습니까?"라고 고객의 의지에 맡긴다면 거절당하는 것은 정해진 이치다. 고객은 결코 스스로 주문을 하지 않는다는 사실이다. 비즈니스맨이 결정해 줄 필요가 있는데 이것이 클로징이다.

비즈니스계에서 탈락한 사람들의 공통점은 비즈니스맨의 자세에 철저하지 못했다는 점이다. 비즈니스맨은 실현해서 보여 주겠다는 신념이 중요하다. 상품이 팔리느냐의 결정적 요인은 비즈니스맨의 자신감의 유무에 달려 있다. 비즈니스맨은 "이것만은 내가 낫다"고 하는 무엇인가를 갖고 있어야만 한다. 요컨대 신념과 자신감을 갖고 클로징을 하지 못한다면 이는 실패의 원인이 된다는 것이다.

자신감은 매우 중요

다무라 히로시는 중학교를 졸업한 후 다이하츠공업에 입사하였다가 공장이 폐쇄되는 바람에 다이하츠자동차 영업부로 전속되어 비즈니스맨이 되었다. 그는 독창적인 영업노하우로 1972년 전일본 자동차 판매왕에 오르고 그 위치를 지속하였다. 그는 일본 세일즈 세계에서 살아있는 '전설'로 통한다. 히로시는 "마음가짐과 기본적인 세일즈 기술만 몸에 익히면 어떤 것이라도 팔 수 있다고 생각한다. 중요한 것은 각자의 정열과 기술이다."라고 말한다.

다무라에게 있어, 비즈니스맨에게 자신감은 매우 중요하다. 이러한 자신감은 행동력으로 나타나게 된다. 다무라는 고객의 확보는 전적으로 영업자의 행동력에 의해 많이 좌우된다는 것을 깨달았다. 비즈니스의 종류에 따라 요구되는 능력은 차이가 있다. 자동차를 판매하는 비즈니스맨과 거대한 프로젝트를 파는 비즈니스맨에게 요구되는 능력은 다르다. 컴퓨터를 파는 비즈니스맨과 신발을 파는 비즈니스맨에게 요구되는 능력 또한 차이가 있다는 사실이다. 그러므로, 독자들은 이 책에 나오는 노하우들을 자신의 분야와 비즈니스 능력에 맞는 방법으로 응용해야 한다.

고객을 도와준다는 마음가짐으로 설득

비즈니스맨은 고객을 도와준다는 마음가짐으로 설득하는 것이 중요하다. 고객의 좋은 상담 상대가 되면서도 대화의 주도권을 잡아야 한다. 가장 중요한 것은 열정이며 이는 확신과 자신감에서 나오는 것이다. 무엇보다 마지막 '결정타'가 중요하다. 다무라는 "구입하실 경우, 일시불로 하시겠습니까, 아니면 할부로 하시겠습니까?"하고 고객에게 선택하도록 하는 방법을 활용했다고 한다.

고객과 상담할 때는 자신감이 있는 목소리가 필요하다. 고객의 거절에 반론을 제기해서는 안 되며. 먼저 고객의 의견을 존중하는 자세를 보여야 한다. 그리고 '고객의 만족점'을 이끌어내는 질문을 던져야 한다. 다무라는 "고객의 거절에 '한번 검토해 보십시오'라는 말은 의미가 없다."라고 말한다.

확신을 가지고 지정하는 방식을

다무라는 양자택일의 질문은 효과가 있다고 말한다. 그는 "화요일 6시가 좋은가요 아니면 수요일 6시가 좋은가요?"라는 질문을 활용했다. 이는 'Yes'와 'No'를 선택하도록 하는 것이 아니라 'Yes'와 'Yes' 중 하나를 선택하도록 하는 것이다. 양자택일이 마음을 편안하게 만들어 준다는 것이다.

비즈니스에서 선택의 수가 늘어나면 부정적 측면들이 나타난다. 평균적인 미국인은 하루에 3천 개의 광고에 노출되어 있다고 한다. 비싼 상품을 제시하고 싼 상품을 제시하면 싼 상품은 부담이 없는 것으로 인식하는 경향이 있다. 그러므로 비즈니스맨은 많아야 3개 정도의 선택 사항을 제시하되 그 중 하나를 지정하여 선택하도록 권하는 것이 좋다. 고객은 비즈니스맨이 확신을 가지고 지정하는 방식을 편안하게 받아들인다는 사실이다.

상품이 많으면 선택을 위해 생각을 해야 한다는 점이 문제이다. 비즈니스맨은 상품 몇 가지만을 선보임으로써 구매자를 대신하여 미리 선택을 해주어야 한다. 고객은 그런 방식을 더 선호하며 더 편하게 여긴다. 세일즈와 마케팅에서 단순화의 법칙은 철칙이다. 제안을 단순하게 하면 초반에 판매를 성공시킬 가능성이 높다는 사실이다.

가격에 대한 흥정

자동차판매점은 새 차의 가격에 대한 흥정이 끝나기 전에는 절대로 옵션에 대해 이야기를 하지 않는다. 자동차 판매원은 이미 결정된 새 차의 가격에 비해 이들 옵션들이 정말로 사소하다는 인상을 유지시켜 추가 매출을 발생시킨다. 사실, 고객은 결국 그러한 옵션 구입을 만족한다. 옵션을 제시받지 못해 구입하지 않은 고객은 옵션을 제시하지 않은 판매원을 원망할 것이다. 이는 클로징에서 유념할 사항이다.

가격을 협상하는 방법 중 하나는 '몇 가지 가격대를 제시하고 고객이 답하게 하는 것'이다. 가격 범위를 더 좁혀서 되물어보거나 일단 8만 불짜리를 제시하고 고객이 받아들이면 추가로 2만 불짜리 옵션을 제시하는 것이다. '사장님이 어느 정도의 가격을 생각하고 있는지 말해 주신다면 거기에 맞는 제품을 제시하겠습니다. 필요하다면 조정을 할 수도 있습니다.'라고 말할 수 있다.

고객에게 동의하면 이롭다

지그 지글라는 36년간 판매활동에 종사하면서 대단한 성공을 거두었으며 마케팅 업계에서 전설적인 업적을 남겼다. 지글라는 "판매는 상대 약점을 이용하는 것이 아니라 구매자를 위해 하는 것이다. 나는 상대에서 무엇을 말하거나 팔려고 하지 않았고 질문하였다."라고 말한다.

그는 고객에게 동의하면 그에게 매우 이롭다는 사실을 배웠다. 그는 고객에게 유나 무를 선택하게 하지 말고 "직접 가져 가시겠나요? 아니면, 저희가 보내드릴까요?"라는 양자택일 전략을 썼는데 효과가 좋았다. 이 방법은 매우 효과적인 클로징이라는 점이 증명되었다.

새로운 정보가 새로운 결정을

지글라는 "고객이 거절할 때, 당신이 그의 마음을 바꾸어 놓을 가능성은 1%도 되지 않는다."라고 말한다. 이는 고객은 기존의 정보에 의거해서는 이미 거절한 거래를 결코 승낙하지 않는다는 것이다. 고객이 승낙을 하기 위해서는 새로운 정보가 필요하다. 새로운 정보에 근거해서 새로운 결정을 내릴 것이다.

지글라는 "나는 많은 판매가 고객에게 살 것이냐고 묻지 않는 데에서 놓치고 있다고 확신한다."라고 말한다. 이는 비즈니스맨은 어떠한 상황에서든 판매의 기회를 최대한 활용해야 한다는 것이다. 클로징을 주저하는 비즈니스맨은 수많은 기회를 놓친다는 사실이다.

게임을 하듯 비즈니스를

뛰어난 비즈니스맨인 와타 히로미는 "마무리를 할 타이밍에서 나는 '이것으로 정하시죠!'라고 말한다."라고 자신의 활동을 밝히고 있다. 와타 히로미는 마치 게임을 하듯 비즈니스를 한다. 이는 스트레스를 받지 않게 하는 중요한 태도이다. 어차피 확률게임으로 생각하고 편안하게 잠재고객들을 만나야 한다. 그러한 편안하고 자신감 있는 태도는 위력을 발휘한다는 사실이다. 클로징을 너무 심각하게 생각하지 말고 게임처럼 편안하게 생각하라는 것이다.

자연스럽고도 단호한 클로징

미국의 위대한 비즈니스맨인 로버트 슈크는 다음과 같은 말을 활용했다. "사장님 같은 분들에게 보험을 권유하는 것이 저는 제일 좋습니다. 그것은 즉석에서 결정을 내릴 수 있기 때문이지요." 바로 결정을 내릴 수 있다는 사실을 치켜세우면 사람들은 구매결정을 연기하거나 결정을 내릴 수 없다는 인상을 주지 않으려고 한다는 것이다. 비즈니스맨은 자연스럽고도 단호한 클로징이 필요하다.

보험 비즈니스맨으로 유명한 토니 고든은 "우리의 목적은 잠재고객을 교육시키는 것에 있지 않다. 우리 모두에게 실제로 필요한 것은 계약 체결을 요구할 수 있는 용기이다. 가장 중요한 것은 잠재고객의 결단을 끌어내야 한다는 것이다."라고 말한다. 그는 자신감을 갖고 조언하는 태도야말로 계약 체결에 가장 중요한 도우미라는 것을 깨달았다.

기타 유념할 점

전문가처럼 보이게 해주어야

판매를 위한 설명을 할 때는 그 표현이 구체적이고 정확해야 한다. 이는 신뢰성에 큰 영향을 미치기 때문이다. 구체적인 설명은 그 제품의 전문가처럼 보이게 해주어 신뢰감을 높여준다. 구체적인 사실, 세부 사항들을 수치로 곁들여 제시할 필요가 있다.

회사의 신뢰성과 제품의 신뢰성이 합쳐지면

신뢰성은 강력한 힘이 있다. 비즈니스맨의 신뢰성은 매우 중요하다. 거기에 회사의 신뢰성과 제품의 신뢰성이 합쳐지면 더욱 힘이 강해진다. 유명인사, 최고의 경력자, 최고의 권위자, 회사의 대표 등이 신뢰를 높이는 데 매우 중요한 역할을 한다. 전문적인 지식을 제시하는 것은 권위가 있다.

제12장

목표와 과정

직업상의 탁월함을 추구

광고회사인 레오버넷은 뛰어난 실적을 가진 회사로 유명하다. 이 회사는 임직원을 가장 중요한 자산으로 취급했다. 광고회사는 이직률이 높기로 유명하다. 하지만 이 회사의 이직률은 업계의 평균 이직률보다 훨씬 낮다. 이 회사는 훨씬 많은 보수를 지급하고 생산성은 업계 최고로 경쟁업체들에 비해 15-20%가 높다. 이 회사의 창업자이자 최고경영자인 버넷은 퇴직할 때 "돈은 버는 데 더 많은 시간을 보내고 광고 제작에 적은 시간을 보내는 날이 올 때 자신의 이름을 회사 명패에서 떼라"고 요구할 것이라고 연설했다.

최고경영자 버넷은 '돈을 버는 것'을 목표로 하지 않았다는 사실이다. 그는 훌륭한 광고 제작을 통해서 고객들을 만족시키고 직업상의 탁월함을 추구하는 것을 목표로 삼았다. 그는 회사의 일 처리 과정 자체를 매우 중요하게 생각했다. 그의 사고방식은 레오버넷사가 좋은 회사로 발전하는 토대가 되었던 것이다.

성공을 목표로 삼지 말라

오스트리아의 심리학자 빅토르 프랑클은 "성공을 목표로 삼지 말라. 성공의 터전을 닦고 목표가 분명해질수록 실패할 가능성은 더 커진다. 성공은 행운과 같아서 좇는다고 얻어지는 것이 아니다. 그

것은 인간이 한 가지 일에 헌신할 때 의도하지 않은 부대효과로서 결실을 맺는 것이다"라고 말했다. 이러한 프랑클의 말은 비즈니스맨에게 단순한 성공 방정식을 알려준다.

성공을 목표로 하기보다 비즈니스 과정을 충실하게 수행하는 사람들이 훨씬 더 성공하기가 쉽다는 것이다. 목표에 집착하게 되면 스트레스가 높아지고 좌절에 취약해지는 큰 약점이 생긴다. 반대로, 과정을 즐기면서 충실하게 수행하면 자신에게 만족감을 주며 스트레스나 좌절감에 강해진다는 사실이다.

종착역이 아니라 과정의 의미가 소중

심리학자 어네스트 베커는 "인간은 자기 생에서 의미를 찾음으로써 죽음을 초월한다. 의식은 생을 부여하기 위한 테크닉이다."고 말한다. 인간의 종착역은 죽음이다. 비즈니스맨이 목표만을 추구한다면 결국에 도착할 죽음의 종착역은 과연 최종 목표인가? 인간은 허무한 상황에서 살지만, 종착역까지의 여정을 통해 의미를 깨닫고 죽음을 초월하는 삶의 기쁨을 누리는 것이다. 요컨대 인생은 목표 종착역이 아니라 그 과정의 의미가 더 소중하다는 것이다. 이는 비즈니스맨에게 과정에 대한 의미를 더 생각하게 해준다.

세계적 테니스 경기인 윔블던 대회에서 여러 차례 우승한 테니스선수 피터 샘프라스는 매우 뛰어난 선수였다. 많은 기자들이 그의 놀라운 우승 업적에 대해 그 비결을 물었다. 샘프라스는 "나는 오직 단 한 점을 따기 위해 노력합니다."라고 말했다. 샘프라스는 '우승을 위해서 노력한다.'라고 말하지 않았다. 그는 단 한 점을 따는 즐거움을 위해 테니스를 즐겼던 것이다. 그 결과로 우승을 하게 된 것이라는 사실이다. 샘프라스는 우승의 결과보다 테니스 경기 과정 그 자체를 즐겼던 것이다.

비즈니스를 하는 이유

심리학자 윌리엄 제임스는 "우리 시대의 가장 큰 발견은 우리의 자세를 바꿈으로서 우리의 생활을 바꿀 수 있다는 사실을 찾아낸 것"이라고 말했다. 비즈니스맨이 비즈니스를 하는 이유가 단지 '돈을 많이 벌기 위해서'가 되어서는 매우 위험하다. 자신의 자세를 바꾸어야 한다. 오히려 '고객들에게 봉사하고 이익을 최고로 주기 위해서 활동한다.'고 이유를 설정해야 한다. 그러면 더 큰 성과가 나올 것이 틀림없다. 능력을 향상시키고 가치 있는 비즈니스맨임을 증명하는 기쁨으로 목표를 바꾸면 훨씬 유익하다는 사실이다.

프랑스의 에밀 꾸에는 "의지와 상상이 충돌될 때는 언제나 상상이 승리한다."라고 말했다. 인간에게 상상력은 매우 강한 힘이 있다. 의지만으로 가능하지 않은 것을 상상력은 가능하게 할 수 있는 것이다. 우리는 스스로의 이미지를 긍정적으로 상상함으로써 자신의 이미지를 형성할 수 있다. 자신이 위대한 비즈니스맨이 될 수 있다는 상상을 통해 가치를 높여가는 과정은 매우 중요하다. 특히 학습을 통해 자신의 가치를 높일 수 있다는 자신감을 얻을 때 건전한 자기 이미지를 가질 수 있다. 험난한 비즈니스의 여정에서 비즈니스맨은 자부심이 있어야 헤쳐 나아갈 수 있다.

'사명'을 깨달았다는 사실

마쓰시타 고노스케는 초등학교 4학년을 중퇴하고 '오사카 전등회사'의 직원을 거쳐 22세에 독립하여 '마쓰시타 전기산업주식회사'를 설립하였다. 그는 생전에 일본에서 '경영의 신'이라고 불릴 정도로 뛰어난 경영 능력을 발휘하였고 많은 사람들의 존경을 받았다. 1989년 94세를 일기로 사망한 그는 저서로 '신국토 창성론'외 다수가 있다.

마쓰시타는 "나는 걸어온 길을 반성하기 시작했다. '과연 생산자의 사명은 무엇일까?' 매일 생각한 끝에 나는 한 가지 신념 즉 '이 세상의 가난을 몰아내는 것'임을 알게 되었다. 생산자의 소임은 물자를 풍족하게 만들어 세상 사람들이 자유롭게 쓸 수 있도록 하는 것이다. 나는 1932년 5월5일을 회사의 창립기념일로 정했다. 이는 이 날 사명을 깨달은 날이었기 때문이다."라고 말했다. 마쓰시타는 단지 어떤 '목표'가 아니라 '사명'을 깨달았다는 사실이다. 그가 뛰어난 경영자로 추앙받는 것은 목표가 아니라 사명을 실행하는 과정에서 충실하게 자신의 원칙을 지켜왔다는 사실 때문이었다.

이익은 경영의 최종목적이 아니다

"내가 장사를 시작한 것은 먹고 살기 위해서였다."라고 마쓰시타는 말했다. 마쓰시타는 사업을 "먹고 살기 위해서" 시작하였지만 이는 궁극적 목표가 아니었음을 깨달았다. 마쓰시타는 "경영을 잘하면 필연적으로 이익이 생기며 이익은 경영의 최종목적이 아니다." 라고 말했다. 마쓰시타는 실적이 나쁜 이유를 환경 탓으로 돌리는 경영자의 자세를 비난했다. '이익은 경영의 최종목적이 아니다'라는 점에 유의해야 한다. 이익은 회사를 존속시키는 수단에 불과한 것이라는 것이다.

마쓰시타 회사의 발전의 원동력은 제품이나 기술이 아니라 뛰어난 경영이었다. 마쓰시타는 배우려는 겸허함과 자신의 일에 대한 자부심을 갖고 있었다. 그는 고객의 목소리에 귀를 기울이며 고객에게 할 말은 하는 자세를 가지고 있었다. 마쓰시타는 "장사란 진검승부와 마찬가지다. 장사가 잘 되지 않는다면 그것은 운이 나빠서가 아니라 경영에 문제가 있기 때문이다. 그래서 확고한 신념을 가진 사람은 불경기일수록 돈을 버는 것이다"라고 말한 적이 있다.

모든 과정에서의 올바름이 중요

마쓰시타에게 있어 경영은 예술이었다. 시시각각 변하고 생성 발전하는 중에 준엄하면서도 약동하는 면이 있어야 한다는 것이다. 그는 단순히 경쟁에만 얽매이지 말고 항상 무엇이 옳은지 생각한 다음 담담하게 걸어가야 한다고 생각했다. 마쓰시타는 본래 사명을 올바르게 실천하면 순식간에 지혜와 재치가 솟아나 어려움에 대처하는 힘이 생길 것이라고 믿었다. 그는 얽매이지 않는 마음을 가지면 상황이 어떻든 그에 대처할 길이 생긴다고 생각했다. "안이함과 얽매임이 문제의 근원이다."라고 말했던 마쓰시타는 일본 제일의 엄청난 부자였음에도 극히 검소한 생활로 일관했다.

그에게 이익이나 금전은 목표가 아니었다는 사실이다. '경영의 신'으로 추앙받던 그가 기업인들의 모범으로 존경을 받았던 것에는 목표에 대한 남다른 관점에서 비롯된 것이다. 그에게는 목표보다 사명 즉 기업가가 해야 하는 모든 과정에서의 올바름이 중요하였다. 그는 비즈니스맨으로서 매우 성공적이었는데 그의 이러한 자세가 원동력이었다는 사실이다.

사업은 한 번의 행사가 아니라 과정임

세스 고딘은 미국에서 뛰어난 비즈니스맨으로 인정받고 있는 사업가이다. 그는 세 번이나 파산을 할 뻔했다. 그러한 쓰라린 경험을 거쳤기에 그는 매우 현명한 비즈니스맨으로 인정받고 있다. 그는 사업에서 철저한 현실주의자가 되었다. 또한 비용을 최대로 줄여야 한다는 것을 주장한다. 파산의 위험을 경험한 그에게 현금은 안정감과 자신감을 주는 소중한 자원이다. 그는 "부채는 사업을 망친다."라고 말한다.

세스 고딘은 "사업 그 자체가 보람이다. 살아남으면 성공한 것이다. 사업은 한 번의 행사가 아니라 과정임을 명심하라."고 말한다. 사업과 마찬가지로 비즈니스맨은 금전이 목표가 아니라 더 높은 목표가 있어야 한다. 세스 고딘이 말한 것처럼 "사업은 과정임"을 명심해야 한다. 그러한 과정에서 자신의 가치를 높여가는 일이 비즈니스맨의 큰 보람인 것이다. 최고의 가치를 고객에게 줄 수 있는 비즈니스맨이 되는 것은 매우 중요하다. 그것이 살아남을 수 있는 가장 큰 자산이기 때문이다. 요컨대, 많은 돈을 버는 것이 목표가 되는 것은 매우 위험한 것이며 매우 어리석은 목표가 될 수 있다.

사업을 계속 유지하고 있다면 승리자

고딘은 "프로가 되라. 최선의 조언은 실험하라는 것이다."라고 말한다. 비즈니스맨이 비즈니스를 품격 있게 해나갈 수 있다는 것은 매우 큰 행복이다. 고객들에게 전문가로서 인정받고 자신의 능력을 실험하면서 향상시켜야 그것이 가능하다.

고딘은 "비즈니스맨은 홈런을 기다리지 말고 칠 수 있을 때 방망이를 휘둘러라."라고 말한다. 거창한 목표가 아니라 매일 조금씩 비즈니스를 성사시켜 나아가는 것 과정 그것이 현실에서 매우 중요하다. 최종의 목표는 돈이 아니라 더 높은 차원의 보람이 되어야 한다. 그러한 과정에서 비즈니스맨은 현금을 확보할 수 있는 일에 집중해야 한다. 현금의 확보는 그 자체가 목적이 아니라 비즈니스를 지속할 수 있는 수단이기 때문이다.

세스 고딘은 "사업체들은 대부분 5년 이내에 망한다. 5년 후에도 사업을 계속 유지하고 있다면 승리자라고 할 수 있다."라고 말한다. 비즈니스맨들의 미래가 성공적으로 지속될 확률은 그리 높지 않다. 단순히 돈을 목표로 땀을 흘리는 비즈니스맨은 결국 고객에게 버림을 받는다는 사실이다. 올바른 목표에 헌신하는 자세, 과정에 충실한 것이 비즈니스맨을 보호할 수 있다.

과정은 가능성을 실현하는 자체에 의미

벤저민 젠더는 보스턴 필하모닉 오케스트라 지휘자이며 보스턴에 있는 뉴일글랜드 컨서버토리 음악대학원 교수로 30년간 재직하고 있다. 젠더는 "비전을 가지고 목표를 추구하는 과정은 가능성을 실현하는 자체에 의미가 있는 것이지 이기는 데 목적이 있는 것이 아니다. 위기나 실패는 비전을 창조해내는 좋은 기회가 된다."라고 말한다.

'목표를 추구하는 과정'이란 가능성을 실현하는 진지함 그 자체이다. 즉 모든 활동의 의미는 의미 있는 과정 그 자체에서 나오는 것이지 '목표' 자체만을 위해서가 아닌 것이다. 지나친 생존경쟁 의식은 인간들에게 부정적인 마음을 주는 원인이 된다. 비즈니스맨은 자신의 인생이 실적달성에 달려 있는 것이 아니라고 생각한다면 더 많은 성공을 거둘 수 있다는 사실이다.

일을 너무 심각하게 생각하지 말라

젠더는 "나의 규칙은 '당신의 일을 너무 심각하게 생각하지 말라'는 것이다. 긴장을 푸는 하나의 완화제로서 유머와 웃음은 우리 자신을 극복하는 가장 좋은 방법이다. 계산적 자아는 생존의 위협을 과장한다."라고 말한다. 지휘자인 젠더는 청중의 호평을 얻기 위해 심각하게 단원들을 독려하는 것은 오히려 좋지 않다는 것을 깨달았다. 자신의 일을 즐기고 편안하게 받아들이면서 단원들을 즐겁게 해주는 것이 훨씬 더 좋은 연주를 할 수 있었다는 것이다.

비즈니스도 비슷하다. 당장의 실적을 위해 너무 많은 신경을 쓰는 비즈니스맨은 자신의 일을 너무 심각하게 생각하는 사람이다. 비즈니스를 게임으로 생각하고 고객들과 즐거운 게임을 한다고 생각하는 것이 훨씬 좋다. 그 결과는 유머와 웃음으로 맞이해도 된다. 비즈니스맨이 결과에 대해 지나치게 계산을 하는 것은 생존의 위협을 과장하는 것이 될 수 있다. 고객들을 위하여 게임을 할 때 비즈니스는 더 활기차고 그 결과도 저절로 좋게 된다는 것을 유념해야 한다.

메시아일지도 모른다는 생각

젠더는 다음의 이야기를 우리에게 알려 준다.

"한 수도원이 어려운 시기를 겪고 있었다. 17-18세기의 종교적 박해로 인해 거대한 종단은 축소되었고 이제 수도원에는 본부에 5명의 수도자만이 남게 되었다. 수도원장은 유대교 랍비를 찾아가 수도원을 살릴 조언을 구했다. 그 랍비는 '죄송합니다만, 조언해줄 말이 없군요. 하지만 당신들 중 한 사람이 메시아라는 것만은 확실히 말해줄 수 있습니다.'라고 말했다. 수도원장과 수도자들은 막연한 가능성을 생각하면서 서로를 아주 공경했다. 상대방이 혹은 자신이 메시아일지도 모른다는 생각에 더욱더 공경하는 수도생활을 하게 되었다. 그러자, 수도원에 들어오기를 희망하는 젊은이들이 차차 늘어났다. 몇 년 사이에 수도원은 다시 번성하는 종단이 되었다."

최고의 무엇임을 자부할 필요

비즈니스맨은 자기가 만나는 사람들이 최고의 귀빈일 수도 있다는 생각으로 대해주어야 한다. 그러한 정성과 즐거운 노력들은 자신의 활동을 가치가 있는 것으로 바꾸어 놓을 것이다. 아마 비즈니스맨 자신이 최고의 귀빈일 수도 있다고 생각해야 한다. 자신이 상대하는 사람들에게 베푸는 것들은 최고의 무엇임을 자부할 필요가 있다.

비즈니스맨이 만나는 사람들을 최고의 귀빈으로 대우하고 보람으로 여긴다면 그 비즈니스는 갈수록 귀빈들로 넘쳐나게 될 것이다. 반대로, 자신을 비참한 존재로 생각하거나 만나는 사람들을 어리석은 사람들로 여기면 그 비즈니스는 조만한 끝나게 될 것이다.

마음을 비우고 진실하게

젠더는 "냉소주의에 호소하지 말고 그의 열정에 호소하라"고 조언한다. 그는 열정적으로 연주하도록 격려하는 것이 기계적으로 연주하는 것보다 가치있다는 것을 일깨워주었다. 비즈니스맨은 단순히 돈을 벌겠다는 계산으로 비즈니스를 해서는 안 된다. 무엇인가 특별한 가치를 주겠다는 열정, 엄청 소중한 것을 베풀어야 하겠다는 열정에 넘쳐야 한다. 이것은 상품보다 중요하며 가격보다 훨씬 더 가치 있는 것이다.

젠더에게서 코치를 받은 유망한 테너 가수가 있었다. 그는 슈베르트의 '겨울 나그네'를 불렀는데 그 곡의 우울과 우수가 느껴지지 않았다. 그는 자존심, 잘 보이려는 태도 등 때문에 자신의 뛰어난 기량을 발휘하지 못했다는 것이다. 젠더의 코치를 받은 그가 마음을 비우고 진실하게 되자, 그의 몸도 부드러우면서 원만한 모습이 되었다.

상대를 '도우려는' 마음이 우선해야

비즈니스맨은 자신의 능력이 자연스럽게 나올 수 있도록 마음을 비워야 한다. 이는 고객과의 관계에서 '계산적인' 마음보다 상대를 '도우려는' 마음이 우선해야 한다는 것이다. 독자는 "비즈니스 자체가 계산이 아닌가?"라는 의문이 있을 것이다. 꼭 그렇지는 않다. 빌 게이츠는 단순히 "먹고 살기 위해서" 또는 "돈을 벌기 위해서" 비즈니스를 하는 것이 아니다. 고인이 된 삼성그룹의 창업자 이병철 회장은 "내가 먹고 살기 위해서 사업을 하려고 했다면 '제일제당' 한 회사만으로 충분했을 것이다."라고 말했다. 비즈니스맨의 수입은 검소한 생활을 유지할 수 있을 정도로 만족하면 된다. 수입보다 자신의 가치를 높이는 것에 초점을 두어야 한다.

어떤 독자는 이렇게 생각할지 모른다. "그런 고상한 척 하는 자세로는 돈은커녕 굶어죽기 십상이겠군요. 솔직하게 돈을 많이 버는 것이 목표가 아닌가요?" 이는 위험한 생각이며 비즈니스에서 성공할 수 있는 진실과도 큰 차이가 있는 생각이다. 비즈니스맨은 일당을 벌기 위해서 일하는 사람이 아니다. 또한 과자 부스러기를 얻기 위해 뛰는 사람도 아니다. 장기적으로 비즈니스를 하면서 시간이 갈수록 스트레스가 줄어들고, 비즈니스의 효과가 점점 높아져야만 생존할 수 있다는 사실이다.

탐욕의 함정에 빠져 몰락의 길로

그러므로, 비즈니스맨이 '돈을 목표'로 하게 되면 진정한 생존을 방해하는 장애물을 설치하는 것과 같다. 진정으로 성공적으로 생존하는 비즈니스맨은 돈보다 자신의 가치를 증가시키는 데 전력을 다하는 사람이다. 그러면 먹고 사는 문제는 저절로 해결된다는 사실이다. 요컨대 많은 돈을 목표로 하는 비즈니스맨은 탐욕의 함정에 빠져 자신을 몰락의 길로 재촉하는 것이다.

필자가 경험한 바에 의하면, 자신을 향상시키는 데서 오는 즐거움, 매년 새롭게 업그레이드되는 자신을 보는 그 자체가 큰 보람이라는 것을 알게 되었다. 이와 더불어, 자신의 향상된 가치와 능력으로 고객들에게 훨씬 더 많은 이익을 줄 수 있다는 사실에서 큰 보람을 느끼게 되는 것이다. 비즈니스에는 거래가 따르고 이에 관련되는 '계산의 절차'는 있다. 하지만, 비즈니스맨에게 이는 부수적인 것이 되어야 진정 위대한 비즈니스맨이 될 수 있다.

소중하게 여겨야 할 것은 여정이다

배리 파버는 세일즈, 리더십, 동기부여에 관한 전문가이며 파버 트레이닝시스템사의 회장이다. 파버는 "결과에 초점을 맞추기 위해 결과와 목표를 구분해야 한다. 그 열쇠는 실행가능하며 가치가 있는 결과에 초점을 맞추는 것이다. 결과는 두 가지 목적을 지닌다. 하나는 채점카드를 제공한다. 다른 하나는 가이드라인을 제공한다."라고 말한다. 파버에 의하면, 목표를 갖는 데 가장 소중하게 여겨야 할 것은 그 목표를 향해 나가는 여정이다. 모든 것을 다 완성하는 목표란 존재하지 않는다는 것이다. 목표를 세우는 것은 가야 할 길에서 벗어나지 않게 하는 수단일 뿐이다.

파버의 견해는 매우 타당한 말이다. 비즈니스맨은 목표에 대해 건전한 견해를 갖는 것이 매우 중요하다. 당장의 목표, 당장의 금전적 이득 등에 너무 집착하는 것은 긴 여정을 망쳐놓는 덫이다. 비즈니스맨의 여정은 길고 험한 것이다. 이 여정을 지나가기 위한 가이드라인, 채점카드에 너무 집착하지 말라는 것이다. 무엇보다 중요한 것은 오늘보다 내일, 내일보다 다음주, 다음 주보다 다음 달이 더 여유 있고 재미있는 것으로 변해야 한다는 사실이다. 많은 비즈니스맨들이 좌절하고 이직률이 매우 높은 이유가 있다. 이는 자신의 능력과 가치를 매일 조금씩이라도 향상시키지 못하기 때문이다. 오늘 많은 금전적 수입이 있더라도 다음 주, 다음 달 점점 자신의 가치와 능력이 줄어든다면 결코 비즈니스맨으로서 생존할 수 없다는 사실이다.

가치는 자기 자신에게 있는 것

광고감독으로 유명한 토니 와인라이트는 큰 성공을 거두었는데 그 성공비결 중 하나는 상대의 거절을 실패나 역경으로 여기지 않는다는 점이다. 비즈니스맨이 자신감을 가져야 하는 이유가 바로 여기에 있다. 긍정적이고 현실적인 태도는 힘이다. 자기 자신을 신뢰하고 자기 자신의 가치에 확고한 믿음이 없다면 고객들의 거절에 좌절할 수밖에 없다는 사실이다. 비즈니스맨의 가치는 고객들의 거절이나 승낙에 있는 것이 아니라 자기 자신에게 있는 것이다.

단기간에 얻으려고 하는 인간적 약점

씨티그룹의 고위경영자인 돈 핑크는 철인경기에 참가하였는데 그가 끝까지 포기하지 않은 비결은 자신만의 '1% 향상' 계획 때문이라고 한다. 그는 1%를 향상시키려고 노력하며 그것이 이루어지면 또 1%의 향상을 노력하였다. 많은 비즈니스맨이 스스로 가지고 있는 큰 장점들에도 불구하고 실패하는 이유가 있다. 이는 성공과 많은 수입을 단기간에 얻으려고 하는 인간적 약점 때문이다. 비즈니스맨은 자신의 가치와 능력이 고객보다 훨씬 크지 않으면 고객들의 존경과 호응을 받기 어렵다. 문제는 자신의 가치와 능력을 단기간에 높이려는 생각만 하지, 이를 매일 조금씩 향상시키려는 노력을 지속하지 않는다는 점이다.

돈 핑크가 '1% 향상'에 초점을 맞춘 것은 매우 현명한 전략이었다. 10%나 20%가 아니라 '1%'향상이라면 누구나 도전할 수 있고 달성할 수 있다. 이를 반복하고 또 반복하는 연습을 쌓게 되면 어느덧 50%, 100%의 상승으로 나타나게 된다. 다만, 길고 긴 여정을 지속할 때 그렇게 된다는 것이다. 비즈니스맨으로서 뛰어난 가치와 능력을 얻는 것은 결코 쉽지 않다. 그것이 쉽다면 이 세상에 위대한 비즈니스맨은 너무나 많게 될 것이다. 요컨대, '1%'씩 끊임없이 지속하여 자신의 가치와 능력을 향상시켜야 한다는 것이다.

배울 줄 모르는 비즈니스맨은 평생 고생

비즈니스맨은 자신을 차별화하는 데에 역점을 두어야 한다. 이는 남들과 경쟁하는 것이 아니라 자기 자신의 향상에 역점을 두는 것이다. 남들과 경쟁적인 관계를 만드는 것은 에너지를 소모하는 낭비적 행태이다. 비즈니스맨은 자신의 차별화에 창조적 노력을 기울여야 한다. 자신의 차별화는 남들과 경쟁하는 낭비적 행태가 아니라 창조적 행태이다.

비즈니스맨의 여정은 무엇인가를 배우는 것에 그 가치가 있다. 배운다는 것은 지식, 기술, 정보를 획득한다는 것에 그치지 않는다. 배운다는 것은 더 나아가 사람들과의 관계에 대한 이해력, 통찰력, 지혜를 얻는 것을 의미한다. 배움은 우리 환경을 풍요롭게 한다. 배울 줄 모르는 비즈니스맨들은 평생 고생할 것이 틀림없다는 사실이다. 비즈니스맨에게 배움이란 자신으로 하여금 성공을 향해 나아가게 하는 것이다. 그러한 성공을 얻어가는 과정에서 비즈니스맨들은 남에게 베푸는 사람이 되어야 한다. 실제로 남을 돕는 행위가 우리를 '인간'으로 만드는 것이다.

유능한 비즈니스맨이 매우 소중

미국의 인구는 전세계의 5%밖에 안 되고 자연자원은 6%밖에 안 된다. 그런데, 전세계 부의 75%를 지배한다. 미국은 인간이 인간을 전문적으로 다루어 나가는 세일즈맨쉽을 일찍부터 발달시켜 나갔기 때문이라고 한다. 우수한 비즈니스맨을 육성하는 것은 중요하다. 이를 위해서는 최고경영자가 비즈니스 지향적이어야 한다. 시장에서 성공하기 위해서는 유능한 비즈니스맨이 매우 소중하며 이들은 위한 교육이 준비되어야 한다.

비즈니스맨으로서 가치기준을 수입이 아니라 전문가적 태도 그리고 자신만의 특별한 제안에 둔다면 더 큰 성공을 거둘 것이다. 자신만의 독특한 스타일로 더 좋은 이미지를 발산하고 더욱 강력하게 어필할 수 있다. 비즈니스맨은 자부심을 가지고 고객에게 최고의 존경을 표해야 고객들을 압도한다. 인내심을 발휘하며 절대로 예의바른 태도를 잊어서는 안 된다. 최고의 비즈니스맨들 모두가 사람들과의 대화원칙을 철저하게 지킨다. 그들은 만나는 사람들 모두가 자신이 이 세상에서 가장 소중한 사람이라고 느낄 수 있게 해준다. 또한 그들은 지극히 겸손하고 평온했다는 점이다. 비즈니스맨은 단지 목표가 아니라 비즈니스 과정을 소중하게 여길 때 뛰어난 비즈니스맨으로 나아갈 수 있는 것이다.

독특한 마케팅 기술

제13장

학습의 위력

학습이 가장 경제적이며 확실

필자는 앞에서 "비즈니스맨은 자신의 가치와 능력이 고객보다 훨씬 크지 않으면 고객들의 존경과 호응을 받기 어렵다. '1%'씩 끊임없이 지속하여 자신의 가치와 능력을 향상시켜야 한다는 것이다."라고 말했다. 자신의 가치와 능력을 향상시킨다는 것은 무엇을 말하는가? 이는 자신의 정신력과 실력을 향상시킨다는 의미이다. 이를 달성하기 위한 방법으로서 '학습'이 가장 경제적이며 확실한 방법이라는 사실이다.

변화에 적응할 수 있는 근원은 바로 학습이다. 개인적 학습이야말로 변화하고 스스로를 치유할 수 있도록 해주는 중요한 자산이다. 학습은 개인들만이 아니라 기업들에게도 매우 중요하다. 대부분의 기업은 절망적인 수준에 이르러서야 실패를 깨닫는다고 한다. 절망적인 수준에 이르기 전에 임직원들의 정신력과 실력을 향상시켜야 함은 절대적 과제인 것이다. 그 과제를 달성하는 유일한 길은 학습하는 것이다.

항해하기 전에 연구와 학습에 많은 시간

1492년 콜럼버스가 항해를 시작하기 전에 연구와 학습에 많은 시간을 할애했다. 그는 방대한 양의 실용적인 지식과 유용한 정보를 습득했다. 지도 제작이나 지도 읽기, 항해술, 그리스어와 라틴어, 지리와 우주 구조론 등에 대해서도 많은 지식을 갖추었다. 여정을 시작하기 전에 갖는 학습과정은 탐험의 성공에 영향을 미치는 매우 중요한 요소이다. 제대로 장비를 갖추려면 탐험에 적절한 물품이 무엇인지를 알아야 한다. 철저한 준비는 매우 중요한 사항이다.

아프리카 탐험가 리빙스턴은 원주민들의 언어와 관습을 심층 연구했다. 그는 여행 도중에 음식 모으는 방법을 배웠다. 리빙스턴은 물품을 신중하게 준비하여 재난을 예방해야 하였다. 우리는 콜럼버스나 리빙스턴을 단지 모험심에 불타는 인간으로 보아서는 안 된다. 그들은 자신들의 위대한 모험을 감당하기 위해 정신력과 실력을 준비했다는 사실이다. 비즈니스맨인 당신은 계속해서 배워야 한다. 성공한 사람들은 끊임없이 배우려는 성향으로 새로운 성공을 지속했다는 점이다.

하루에 3시간 정도는 공부할 필요

하라 잇베이는 21세에 상경하여 일본관광여행협회의 회원모집에 투신하였고 톱 세일즈맨이 되었으나 회사가 도산하여 실패로 끝났다. 하라는 25세에 메이지생명보험회사의 외무원으로 들어가 31세에 전국 2위의 실적을 올렸다. 그의 비즈니스 성적은 지속되었고 43세에 전국 1위를 차지하여 15년간 톱 자리를 고수하였다.

하라 잇베이는 "나는 적어도 하루에 3시간 정도는 공부할 필요가 있다고 생각한다. 공부는 전문지식을 갖추며 이해의 범위가 넓어져 넓은 분야를 포용하며 화제를 풍부하게 해주고 사람을 읽는 능력을 지니게 해준다는 사실이다."라고 말한다. 그의 뛰어난 비즈니스 실력의 배후에는 이처럼 하루에 적어도 3시간은 공부하는 것이 있었던 것이다. 뛰어난 비즈니스맨이 되려면 이 정도는 되어야 하지 않을까? 발로 뛰기만 해서는 결코 그렇게 될 수 없다. 혹시 일시적으로는 모르나 지속적으로 뛰어난 능력을 발휘할 수는 없는 것이다.

학습은 기업의 본업

윌리엄 폴라드는 서비스매스터사의 회장이다. 변호사인 폴라드는 5년간 대학행정요원과 교수로 봉직한 후에 서비스매스터의 선임 부사장이라는 직책으로 입사하였고 회장으로 일하고 있다. 폴라드는 "우리는 '사람을 훈련시키고 발전하게 하는 비즈니스를 하는' 기업이다. 교육은 회사의 존립에 기본적인 것이며 최선의 기회는 바로 학습이다. 학습은 기업의 본업이 되어야 한다."라고 말한다.

서비스매스터는 매우 우수한 기업이다. 이 회사는 경영자와 임직원 모두가 매우 건전한 정신력과 이에 부응하는 실력을 갖추고 고객들을 만족시키고 있기 때문이다. 폴라드는 기업은 수익을 창출해야 하는데 수익은 궁극적 목적이 아니라 수단적인 목표이라고 생각한다.

창조적인 긴장을 유도해야

폴라드는 고객을 만족시키는 일과 대의명분이 균형을 잡아야 한다고 생각한다. 폴라드는 "나는 한 고객이 우리가 서비스 약속 곧 일하는 종업원들을 지원하겠는 약속을 어겼다고 생각하는 것을 알게 되었다. 우리는 실수를 인정했다. 무릎을 꿇고 용서를 구했다. 나와 부회장은 고객에게 한 약속을 지키기 위해 발 벗고 나섰다."라고 말한다. 폴라드의 진실한 노력의 결과, 그들은 신뢰를 회복했고 일자리를 보전하는 효과가 있었다.

폴라드는 "배움의 궁극적인 효용은 재생산 가능성이다. 학습은 진리를 찾으려는 마음에서 비롯된다."라고 말한다. 폴라드는 리더는 남의 말을 경청하고 배우며 항상 다른 사람들은 돕기 위해 준비되어 있어야 한다고 주장한다. 그의 회사에서 리더들은 모범을 보이고 자신을 항상 검증해야 한다. 서비스매스터사에서 리더들은 말을 하면 그것을 행동으로 뒷받침해주어야 한다. 폴라드는 "조직의 성장과 활력을 유지하기 위해 창조적인 긴장을 유도해야 한다."라고 말한다. 이처럼 항상 학습하고 정신적 자극을 받는 조직은 긴장감 속에 비즈니스의 경쟁력을 유지할 수 있다는 사실이다.

자기계발에 완전히 몰입

존 맥그레이스는 호주 '맥그레이스 부동산중개회사'의 최고경영자이다. 맥그레이스는 24세에 부동산중개사업을 시작하여 15년 만에 연간 18억불의 매출을 올리는 뛰어난 사업가로 인정받고 있다.

맥그레이스는 "18세 때, 나는 독학과 자기계발에 완전히 몰입했다. 나는 지그 지글러의 테이프를 들었고 그가 세미나를 하러 시드니로 왔을 때 강의를 들었다. 나는 하루도 빠짐없이 목표 리스트를 하루에 2번씩 들여다본다. 이 작은 행동 하나가 더 많은 성과와 긍정적인 변화를 가져다주었다. 목표 설정이란 가고 싶은 길에만 초점을 맞추는 것이다."라고 말한다. 맥그레이스가 뛰어난 사업가로 성공할 수 있었던 주요 원인은 끊임없이 학습과 자기계발에 몰입했다는 점에 있었다.

스스로 동기부여를 시키는 습관

비즈니스맨이 자신감이 결여되고 자기를 믿지 못한다면 그는 성공 가능성이 거의 없다. 비즈니스맨은 강한 신념과 긍정적인 사고방식을 가져야 한다. 사업자의 90%가 개업 5년 이내에 망한다는 사실이다. 비즈니스맨의 성공 가능성도 그리 높지 않다. 이 세상의 수만 개 직업 중에서 두 번째로 어려운 직업이기 때문이다. 비즈니스맨으로서 계속 생존하려면 끊임없이 자신을 다져야 그것이 가능하다.

맥그레이스는 "열의란 영원히 지속되지 않는다는 사실이다. 정기적으로 스스로에게 동기부여를 시키는 습관을 들여야 한다. 책을 읽고 세미나도 참석할 필요가 있다. 달성할 목표를 세우고 자신감과 믿음이 있어야 한다."라고 말한다. 필자가 왜 학습이 정신력과 실력을 향상시키는 데 절대적인 역할을 한다고 주장하는지 맥그레이스는 알려 주고 있다. 학습을 통해 정신적 자극을 받아야 열의가 지속될 수 있는 것이다.

무기력 비즈니스맨보다 열망 비즈니스맨

비즈니스맨의 문제는 힘겨운 비즈니스의 도전에 맞서지 못하고 자신을 방치하고 있다는 사실이다. 성공에 대한 강한 열망이 중요하다. 그러나 열망만으로는 너무 부족하다. 고객은 분명 무기력한 비즈니스맨보다 열망에 가득찬 비즈니스맨을 환영한다. 고객들은 욕심이 많다. 열정과 에너지 못지않게 자신감과 정신 긴장감이 있는 비즈니스맨을 선호하며 더 나아가 실력이 갖추어진 사람을 선호한다. 비즈니스맨인 당신이 이러한 요건에 미달한다면 고객은 더 자격을 갖춘 비즈니스맨과 거래하고자 할 것이다.

맥그레이스는 "학습은 우리 기업문화의 커다란 부분이다. 우리 회사에서는 자기계발과 관련된 다양한 장서를 갖춘 도서관이 있다. 우리는 진정 '학습기업'을 추구한다."라고 말한다. 그의 회사의 모든 임직원들이 최고경영자인 맥그레이스의 이러한 일관성을 확신하고 있다는 사실이다. 최고경영자가 학습하는 조직은 분명 경쟁에서 유리하다. 임직원들 모두가 학습하는 조직은 고객을 위해 뛰어난 정신력과 실력으로 이익을 줄 수 있다.

'예스' 대답을 위해 50번의 '노'

맥그레이스는 "1명에게서 '예스'라는 대답을 듣기 위해서 50번의 '노'라는 말을 들어야 한다는 사실을 나는 깨달았다. 중간 단계의 '노'는 '예스' 즉 궁극적인 성공으로 가기 위한 여정의 한 부분이라는 점을 스스로에게 일깨워야 한다."라고 말한다. 많은 비즈니스맨들이 고객의 거절에 맞설 수 있는 정신력이 부족하다는 점이다. 그래서 좌절한다. 학습을 통해 정신력을 강화하는 비즈니스맨은 고객들의 거절을 여유있는 마음으로 대처해 나갈 수 있다. 또한 실력을 갖추어 어떤 상황에서도 다른 비즈니스맨보다 유리한 입장에서 대응할 수 있다는 사실이다.

사람의 강점 또는 재능이란 자신이 하는 일에서 재미를 발견하고 그것을 학습하는 속도가 빠르며 그 일을 통해서 만족감을 느끼는 활동을 말한다. 강점을 개발하기 위해서는 실행하고 학습하고 계속 정진하는 것이 요체이다. 결국, 성공하는 사람들은 자신이 가진 강점 즉 재능을 가지는 일에서 열정을 갖고 일을 하는 사람을 말한다.

첫째, 학습하기를 좋아함

필자가 2002년 일본에 가서 방문하였던 일본의 후나이종합연구소는 많은 기업들의 경영컨설팅을 수행한 업적으로 유명한 회사이다. 이 연구소의 회장 후나이는 수많은 회사들의 경영을 컨설팅하면서 회사 임원들을 관찰하였는데, 성공한 사람들의 공통적인 원인에는 3가지 요건이 있다는 것을 발견하였다고 한다. 그 세 가지 요인을 그는 "첫째, 학습하기를 좋아함. 둘째, 고분고분하다. 셋째, 플러스적 발상을 가진다는 점"이라고 했다. 그는 왜 가장 중요한 첫째 요인을 "학습하기를 좋아함"이라고 했을까? 학습은 정신 활력, 정신 긴장감, 자신감의 원천이기 때문일 것이다.

자신의 가치와 자신에 대한 이미지, 자신에 대한 확신을 살리는 일도 지속적인 학습이 이루어질 때 보장될 수 있다. 다행히, 독자는 필자가 제공하는 SR시스템학습법과 SR외국어학습법을 습득하면 학습에 관한 문제는 해결될 것이므로 활용하기 바란다. www.SRstudy.co.kr의 SR컬럼 참조.

가치를 발견하고 발전시키는 원동력

미국의 기업가였던 패커드는 자수성가한 억만장자 중의 한 명이 되었음에도 그는 자신과 아내가 1957년에 손수 지은, 과수원이 내

려다보이는 소박한 작은 집에 살고 있었다. 패커드는 자신의 재산 56억 달러를 자선 재단에 기부했다. 그의 마음 깊은 곳에는 돈을 벌고자 하는 것보다 자신의 가치를 확인하고자 하는 소박한 욕망이 더 중요했던 것이다. 비즈니스맨은 궁극적으로 사업을 통하여 자신의 가치를 확인하고 인생의 보람을 발견하는 것이다. 가치를 발견하고 발전시키는 핵심적 원동력은 학습하는 것에서 비롯된다는 점이다. 매일 최소한의 책을 학습하지 않는 비즈니스맨은 비즈니스에 나설 자기 가치가 없음을 명심해야 한다.

끊임없이 자신을 향상시키려는 자세는 모든 종류의 학습과 성장에 필수적이다. 세계적인 음악가인 메뉴인은 "하루를 연습하지 않으면 내가 그 차이를 느낄 수 있었다. 이틀을 연습하지 않으면 친구들이 알아챘다. 사흘을 연습하지 않으면 청중들이 그에 대해 말했다"고 말했다.

슈베르트는 요절하기까지 18년간 23곡의 피아노소나타와 서곡 19개, 현악사중주곡 18개, 오페라곡 15개, 9개의 심포니, 7개의 미사곡, 600개가 넘는 가곡을 매일 일곱 시간씩 써 내려갔다고 한다. 지그문트 프로이트는 23번의 턱 수술 후에도 저술작업을 계속했다. SR시스템학습법과 SR외국어학습법을 창안한 필자 자신도 매일 4시간 이상 학습을 하고 있으며 이러한 과정을 거쳐 자신의 가치가 향상되고 있음을 느끼고 있다.

공부는 원래 지겨운 것?

치열한 생존경쟁에서는 발전하려는 의욕, 성장과 평생 교육을 지향해야 경쟁력을 향상시킬 수 있다. 동기부여와 자신감은 성공에 필수적인 요소이다. 나는 학습이 정신 활력, 정신 긴장감, 자신감의 원천임을 누차 말하였다. 문제는 스스로 끊임없는 학습을 지속한다는 것이 매우 어렵다는 것이 현실이다.

서울대의 김원중 박사는 서울대생들은 대상으로 조사해 보았는데, 공부가 재미있다는 사람은 1%에 불과하였다고 한다. 일반인에 비해서 학습 성취도가 매우 뛰어난 서울대생의 99%가 "학습은 지겨운 것"이라는 반응은 큰 문제이다. 김원중 박사는 "공부는 원래 지겨운 것이고 스트레스가 많이 쌓이는 일이다"라고 말하였다. 이들이 그러한 반응을 보이는 데는 원인이 있다.

파블로프의 조건반사

러시아의 과학자 파블로프는 1904년 노벨 생리학・의학상을 수상했다. 그의 개에 관한 조건반사 실험은 매우 의미 있는 것이다. 파블로프는 굶주린 개가 먹이와 연관시켰던 종소리(조건)에 반응하여 침을 분비하도록 훈련시켰다. 개에게 먹이를 주기 전에 종소리를 울려, 종소리만 울리면 개가 침을 흘리게 만들었는데, 종소리와 먹이 사이에 밀접한 심리적 상관관계를 만들었다는 것이다. 그의 실험은 동물만이 아니라 인간의 행동도 조건화에 의해 지배됨을 말해주고 있다.

학습하고자 하는 것은 인간의 본능이며 이는 강력한 호기심이 원천이다. 요컨대 학습 본능은 무척 강력한 것이다. 식욕이나 성욕 등은 신체적으로 쇠퇴하면 그 욕망이 쇠퇴하지만, 학습 본능은 나이가 들어도 관계없이 지속되는 것이다. 이러한 본능이 조건반사에 의해 방해를 받는다는 점이다. 초등학교에 들어가면서 '학습'은 '시험'과 '점수'를 위하여 하는 것이 되어 버린다. 점수를 얻기 위해 '당장 이해하고 당장 외워야'하는 것은 엄청난 스트레스를 일으킨다. '당장 이해하고 당장 외워야'하는 학습 습관이 형성되기 때문에 '학습'하면 '스트레스'가 저절로 나오는 것이다. '학습'이라는 조건에 '스트레스'라는 반응으로 나타난다. 이런 조건과 반응이 초등학교 6년과 중고등학교 6년 도합 12년간 반복되어 온 것이다. 12년간 경험해 온 조건반사 과정은 학습이 '즐거움'이 아니라 '학점'을 따기 위해 하는 스트레스가 되고 있다.

학습을 즐기는 자를 이기지 못하리라

이러한 상황에서 비즈니스맨으로 대성하기 위해서는 반드시 학습이 필요하다고 강조하여도 실행하기 너무 어려운 장벽에 막히고

만다. 바로 파블로프의 조건반사가 학습의 길을 막는 것이다. 학습의 스트레스 때문에 학습은 뒷전으로 밀려나고, 월드컵 중계나 인기 있는 흥미로운 것들이 우선하게 된다. 그 결과 학습의 기회를 놓치고 있다는 사실이다. 학습에서 파블로프의 조건반사를 극복할 수 있는 노하우가 SR시스템학습법이다.

학습의 천재였던 공자가 그의 제자들에게 말하길 知之者는 不如好之者요, 好之者는 不如樂之者니라. 알기만 하는 자는 좋아하는 자를 이기지 못하고, 좋아하는 자는 즐기는 자를 이기지 못하리라. 다른 말로 바꾼다면, 학습을 열심히 하는 자는 좋아하는 자를 이기지 못하고, 학습을 좋아하는 자는 즐기는 자를 당할 수 없다는 말씀이다. 사실, 극소수의 의지가 강한 사람만이 학습에 몰두하려 하지만 참으로 힘들다. 재래식 학습 방법으로 성공의 길은 너무나 희박하다는 것이다. SR시스템학습법은 이처럼 중요한 학습의 문제를 해결해 주는 노하우라는 사실이다.

막강 경쟁력을 확보한 이유

세계에 약 1500만 명이 유태인이 있다고 한다. 이는 세계인구의 0.3%가 안 되는 숫자이다. 그런데, 몇 년 전 통계에 의하면 노벨상 수상자 중 유태인이 차지하는 비율은 30%를 넘었다. 경제학 분야에서 65%가 유태인이었는데 밀튼 프리드먼, 폴 사무엘슨 등이 있다. 의학분야는 23%로 젖산 연구의 오토 마이어호프, 스트렙토마이신의 발견자 왁스만 등이 있다. 물리학 분야는 22%로 아인슈타인 등이다. 화학 분야는 11%, 문학 분야는 7%이다. 세계적인 기업들도 유태인들의 영향력에 들어가 있다. 세계적인 석유메이저들인 엑슨, 브리티시 페트롤리엄, 로열더치 셸 등의 대부분이 유태자본으로 운영된다고 한다. 콘티넨탈 그레인, 카길 등 세계 5대 곡물 메이저 중에 3대 회사가 유태자본이다. 세계의 4대 통신사를 유태계자본이 영향력을 행사하고 미국의 유수한 금융기관들의 자본이 유태계이다.

미국에는 약 600만 명의 유태인이 있는데 이는 미국인구의 3%가 안 된다. 그럼에도 미국 전국의 대학원생의 약 30%가 유태인이라고 한다. 유태인들이 여러 분야에서 막강한 경쟁력을 확보한 이유는 바로 여기에 있다는 것이다. 그들이 학습의 가치를 잘 알고 있으며 이를 일생에 걸쳐 실천하기 때문이다. 유태인들은 어디에 거주하든 교육과 학습을 최우선으로 삼는다. 이를 위한 투자를 비용으로 생각하지 않고 미래를 위한 자본으로 진력하고 있다는 점이다. 유태인들이 스스로를 지키기 위한 방법은 지력과 재력을 간직하는 것, 그것만이 생존해갈 수 있는 비결이었다. 이를 위해서 학습은 절대적인 요건이었다.

항상 책을 읽어야

"사람들은 대부분 생각하느니 차라리 죽음을 택하곤 했다. 지금도 많은 이들이 그렇게 한다."라고 영국의 철학자인 버트란드 러셀은 말했다. 생각하는 것을 힘들어하는 사회에서 학습한다는 것은 더 어렵게 여겨진다. 경쟁력을 가진 사람은 지속적으로 학습하는 사람이라는 점이다. 미국의 조 지라드는 15년 동안 1만 3천 대의 차를 팔았던 최고의 비즈니스맨이다. 그는 배울 만한 것이 있다고 여겨지면 무엇이든 배웠다고 한다.

뛰어난 비즈니스맨이었던 권오근님은 비즈니스에 관한 많은 책들을 읽었다고 한다. 그는 "적극적인 정신자세에 관한 책을 자주 읽어야 한다. 세일즈맨은 풍부한 어휘를 갖고 있어야 하며 이를 위해서 항상 책을 읽어야 한다. 나에게 필요한 전문서적은 탐독하고 정독하되 나머지 책들은 반찬 먹듯 해야 한다"고 말했다.

안이한 정신자세와 타성

일본의 마쓰시타 그룹을 창업한 마쓰시타 고노스께는 30-40대에 기업계의 리더, 50대에 경영 전문가, 60대에 작가, 70대에 박애주의자, 80대에 교육가로 성공을 이루었다. 학벌이 초등학교 4학년을 다닌 것이 전부인 그였지만 그는 일본에서 '경영의 신'이라고 추앙을 받는 위치에 올랐다. 그가 항상 연구하며 학습하는 자세를 일평생 견실하게 유지하였던 것이 그 비결이었다. 마쓰시타 고노스께는 생전에 'PHP(번영을 통해 평화와 행복)운동'을 연구하는 연구소를 만들었고, 경영자는 끊임없는 학습을 해야 한다고 주장하였다.

필자는 2002년에 도쿄에 있는 이 연구소를 방문하여 아끼야마 이사와 진지한 대화를 나누었다. 아끼야마 이사는 개인과 기업에게 학습의 중요성을 충분히 인식하고 있었고 필자에게 SR학습법에 관한 강의를 부탁하기도 하였다. 마쓰시타는 항상 학습하며 연구를 하였기에 '타임'지는 그를 "발명가"로 소개하였고 '라이프'지에서는 "사상가이며 베스트셀러 작가"라고 기사화하였다. 마쓰시타가 생전에 가장 경계한 것은 임직원들이 "안이한 정신자세와 타성을 갖는 것"이었다. 그 자신이 이러한 함정에 빠지지 않으려고 항상 학습하였다는 것이다.

낭비 시간을 파악

성공한 사람들의 공통점은 중요한 일에 시간을 집중시키는 달력을 갖고 있다는 점이다. 계획을 세우는 데 1분을 들이면 실행하는 데 시간이 10분씩 절약된다고 한다. 사업에서 우위를 차지하려면 조금 일찍 시작하고 더 열심히 일하며 늦게까지 머무를 필요가 있다. 경영학자 피터 드러커는 자신의 시간을 관리하는 방법을 다음의 3가지로 요약한다. 첫째, 시간을 기록한다. 둘째, 시간을 관리한다. 셋째, 시간을 통합한다. 시간을 기록한다는 것은 시간을 실제로 어떻게 사용하는지 기록하여 시간 선용과 낭비의 차이를 파악하는 것이다. 자신이 시간을 어떻게 사용하는지를 살펴야 한다. 여기에서 유념할 것은 특히 낭비 시간을 파악하는 것이다.

대부분의 사람들은 자신들은 최선을 다해 시간을 활용하고 있다고 생각한다. 실제로 많은 사람들이 TV를 시청하는 시간을 적어나가면 엄청난 시간을 소비하고 있음을 알게 될 것이다. 야구나 축구 등 스포츠 시청에 소용되는 시간, 드라마, 뉴스, 그 밖에 TV시청에 쓰는 시간은 자기가 생각하는 이상으로 많은 시간을 소비하고 있다는 사실이다.

무엇인가를 희생

독자 중에는 "그처럼 TV도 잘 안 보면 스포츠, 드라마, 다큐멘터리 등 인생의 즐거움과 화제거리를 놓치게 되어 사는 맛이 나지 않을 것이다."라고 말하는 분이 있을 것이다. 이를 해결하는 방법이 있다. TV에서 재미있는 드라마를 보고 싶을 때는 시작 부분 5분, 마지막 부분 5분만 보면 모든 내용을 거의 파악하게 된다는 것도 필자는 알게 되었다. 스포츠는 중계방송 전체를 안 보더라도 하이라이트 시간 5분에 주요 장면만을 보면 된다. 요컨대 학습 시간을 내기 위해서는 꼭 하지 않아도 되는 일을 떼어내어야 한다는 것이다.

진정으로 경쟁력이 있는 비즈니스맨으로 거듭나기 위해서는 무엇인가를 희생하지 않으면 열매를 맺을 수 없다. 남들과 비슷한 생활을 하게 되면 평범한 것 이상을 할 수 없는 것이다. 비즈니스맨에게 '평범한 것'이란 힘들고 어려운 인생의 길을 의미한다. 여유롭고 의미 있는 인생은 뛰어난 비즈니스맨에게 해당된다. 그 조건은 매일 학습하고 학습하여 자기 가치를 높여야 한다는 것이다.

류비셰프의 저력

러시아의 곤충분류학자로 이름을 남긴 류비셰프는 그의 생애 중에 70권의 학술 저서를 발표했고 그의 논문과 연구자료는 1만 2천 5백페이지에 달하였다고 한다. 그 밖에 그의 일기와 편지 등을 합치면 놀랄 만큼 엄청난 분량의 저작 활동을 하였음을 증거로 남겼다. 류비셰프는 매일 자기가 하는 일을 휴식 시간이든, 무엇이든 적었고 그것을 하기 위해서 소비한 시간을 적었다는 점이다. 그러다 보니, 매일 낭비하는 시간을 의식하게 되어 점차 낭비가 없는 생활 자세를 견지하게 되었다는 것이다. 그가 뛰어난 학문적 실적을 남긴 데에는 간단한 원리 즉 시간을 의식하고 활용했다는 점이 원인이었다.

최소한이라도 학습

필자는 기업 경영자들을 많이 만나고 있는데, 그들을 만나기 전 기다리는 시간에 읽을 책을 항상 가지고 다닌다. 매일 조금씩이라도 학습하는 것이 절대적인 계명이다. 필자는 퇴근해서 집에 들어오면 최우선으로 책상에 앉아 30분간 책을 읽는다. 밥을 먹은 직후에는 1-2분간 가벼운 맨손체조를 한 후, 책상에 앉아 학습을 한다.

나는 하루에 최소한이라도 학습하지 않는다면 다음날 세 끼를 굶는 것을 원칙으로 하고 있다. 늦게 귀가 하는 경우를 대비해 비스켓 등을 항상 준비하여 저녁을 못 먹더라도 비스켓을 먹으면서 책을 읽는다. 하루라도 학습하지 않는다는 것은 있어서는 안 된다. 밥보다 학습을 우선하면 모든 것은 잘 풀린다는 사실이다. 밥을 먹는 일은 본능이기 때문에 저절로 잘 된다. 학습을 밥보다 우선하게 되면 덜 가치 있는 다른 것들로부터 자유롭게 될 수 있다. 이는 확실하게 학습할 시간을 얻는 방법이다.

자아실현의 욕구

비즈니스맨은 자신이 하는 일에 몰입하고 공헌하고자 하는 의욕이 있어야 한다. 경쟁력을 확보할 수 있는 최선의 방법은 교육이며 학습이다. 학습은 경쟁우위를 갖게 해준다. 이를 위해서는 기본적으로 자신의 시간을 통제하고 업무의 우선순위를 결정하여 중요한 일을 먼저하고 집중해야 한다.

변화에 대한 욕구는 심리학자 매슬로우의 최상의 욕구단계를 말한다. 즉, 자기실현의 욕구와 일치한다는 것이다. 빌 게이츠는 더 많은 돈을 벌기 위해 하루 12시간 일하지는 않는다. 성공한 수많은 사람들의 경우 결정적 단계에서 매주 70-80 시간을 집중적으로 일했다고 한다. 가장 중요한 목표는 매일 학습을 실천하는 목표이다.

실패 가능성을 최우선 고려

일본의 도쿄대학 교수였던 이토가와 히데오는 일본에서 다재다능한 사람으로 알려져 있다. 그는 전투기 설계사, 뇌파측정기록장치의 선구자였고 일본 최초로 로켓연구를 성공시켰으며 우주과학기술과 조직공학연구소를 설립한 바도 있다. "항상 실패할 수 있다는 가능성을 최우선 고려사항으로 모든 일을 기획하고 실천하였기에 성공하였다"고 이토가와는 말했다.

도쿄대학에서 26년간 교수직에 있었던 이토가와는 "모든 실패가능 원인을 체크해 두면 성공할 수 있다"고 말했다. 이는, 실패할 가능성을 전부 검토해야만 실패할 염려가 없어진다는 것이다. "사업에서도 실패할 경우를 대비하여 대책을 세워둔다는 것이 매우 중요하다"고 그는 말한다. 이는 비관적이기 때문이 아니며 성공하기 위해서는 이 방법밖에 없기 때문이라는 것이다. 비즈니스맨에게는 바로 이러한 겸허한 정신이 필요하다. 학습하는 사람은 자신이 얼마나 무식하며 능력이 부족한 사람이라는 것을 인식하게 된다. 이러한 인식이 그를 겸허하게 만들어준다.

학습은 겸허함을 유지하게 한다

비즈니스맨은 끊임없는 학습을 통해 스스로를 반성하며 겸허한 정신을 결코 잊어서는 안 된다. 이토가와 히데오 교수는 대학을 졸업하고 항공사에 취직하였는데 대학에서 배운 공부는 아무런 도움이 되지 않는다는 사실을 깨달았다고 한다. 그는 선배들의 실패담을 전부 모아봐야겠다고 생각했다. "실패자들의 실패를 통해 그것과 반대로 하면 성공할 수 있을 것이다. 그 원인을 파악하고 그와 반대로 설계한다면 성공할 수 있겠지"라고 생각하고 선배들의 집을 한 집씩 찾아다니면서 선배들의 실패담을 들었다는 것이다.

비즈니스맨으로 출발할 때의 초심을 항상 잊지 않고 실패 가능성을 유념하면서 겸허하게 한 걸음씩 나아가는 것만이 가장 빠른 성공의 길이다. 그리고 그 성공을 지키는 것은 바로 겸허한 정신을 유지하는 것이다. 필자가 2002년에 만났던 일본의 메이난 기계제작소의 하세가와 회장은, "학습을 하게 되면 모르는 것이 너무 많다는 것을 깨달을 수 있어 사람이 겸허하게 된다. 겸허한 마음은 탐욕을 버릴 수 있게 하며 경직된 사고를 유연한 사고로 바꾸게 만든다."라고 말했다. 지속적인 학습은 겸허함을 유지하는 중요한 요소인 것이다.

다니엘 골먼은 감성지능 즉 EQ의 창시자이며 하버드대학의 교수를 역임했다. 골먼은 "배움에 집중한다면 그 능력을 더 빨리 향상시킬 수 있다. 업무수행 능력을 향상시키는 것보다 학습능력을 향상시키는 것이 훨씬 더 효과적이다."라고 말한다. 학습은 비즈니스맨이 자신의 가치와 능력을 향상시키는 데 필수적인 과제이다. 이를 즐겨야 한다. 그러면 저절로 정신력과 실력이 향상되어 고객을 만날 때마다 고객으로부터 높은 평가를 받게 될 것이다. 학습이 생활의 습관이 되어 완전히 몸에 밸 때까지 반복해야 한다.

제14장

마케팅 능력과 SR경쟁력프로그램

마케팅은 최고경영자와 모든 임직원의 과제

SR경쟁력프로그램은 직접적으로 마케팅 능력을 향상시키는 효과를 나타낸다. 마케팅을 수행하는 사람의 중요한 사명은 상대에게 진실한 가치를 설득력 있게 전달하는 것이다. 이는 자신감, 정신 활력, 정신 긴장감을 통해서 전달될 수 있다. 골퍼 벤 호건은 항상 기본만을 강조했으며 기초적인 사항을 바르게 하는 것이야말로 가장 쉽게 실력을 늘릴 수 있는 방법이라는 것이다. 마케팅에서도 기본은 매우 중요하다. 이러한 기본 능력을 착실히 갖추도록 해주는 것이 SR경쟁력프로그램이다.

경영학자 피터 드러커는 "무엇보다도 IBM의 왓슨은 교육하고, 교육하고, 또 교육했다"고 기술한다. IBM에서 교육한 것은 무엇보다도 마케팅을 수행하기 위한 정신자세와 전문적인 기량이었다. 마케팅 학자인 미국 텍사스 A&M대학의 레오나드 베리 교수는, "최고의 기업은 모두 개인의 성취감과 지속적인 학습을 하도록 도와준다. 학습은 임직원들을 정신적으로 자극하며 동기를 부여해 준다." 라고 말한다.

직원의 지속적인 학습에 대한 투자는 기업 발전의 원동력이 된다. 직원의 학습은 서비스를 한 단계 높은 전문인으로 높여준다. 학습을 통해 배우는 내용과 학습으로 인한 자기발전의 느낌은 자기존중과 프로페셔널리즘에 기여한다. 현실의 경쟁에 급급한 기업들은 이를 소홀히 하게 되는데 이는 엄청난 경쟁력의 손실로 이어지게 되는 것임을 명심해야 한다. 마케팅은 최고경영자를 비롯한 모든 임직원의 공통된 과제이다.

기업 임직원들을 위한 무료교육

단시간에 큰 효과

필자는 시스템학습법을 포함한 능력향상 교육프로그램인 SR경쟁력프로그램을 전파하고 있다. 많은 기업들의 임직원들을 위하여 노하우를 전파하고자 한다. 관심이 있는 기업에서 연락주면 협의하고자 한다. SR경쟁력프로그램은 탁월한 학습자로 변신하며 강력한 경쟁력을 취득하는 것이다. 또한, 스스로 동기유발하며 정신력과 실력을 혁신하는 임직원으로 변화시켜 무사안일과 타성을 제거한다.

무료교육 신청 : 전화 011-763-2830, 031-398-2830

SR경쟁력프로그램은 국제청년회의소(JCI) 세계대회에서 105개국 중 개인능력개발부문의 최우수 교육프로그램으로 선정되어 2006년 11월15일에 수상, 발표되었다. 또한, 2006년 5월에 일본에서 열린 국제청년회의소 30여 개 국 아시아태평양 국가대회에서 개인능력개발 최우수 교육프로그램으로 선정된 바 있다. 필자는 국제청년회의소(JCI)의 한국조직인 한국청년회의소에서 회원들에게 SR

경쟁력프로그램 교육을 실시하여 왔는데, SR경쟁력프로그램의 가치와 우수성이 세계적으로 객관적인 평가를 받은 것이다.

SR경쟁력프로그램의 테마

이 프로그램은 "1. 강력한 정신개혁 2. 업무능력 혁신 3. SR시스템학습법 4. SR외국어학습법 5. 융화능력 향상" 등의 5가지 테마로 구성되어 있다.

SR경쟁력프로그램의 교육효과

월 1회 1시간씩 1년간 12회의 강력한 강의를 기본으로 한다. 월1회의 강의만이 아니라 매월1가지씩의 실천사항을 충분히 실천하는 훈련 프로그램이다.

1년간 총 9가지의 실천사항을 훈련하는 과정이다. 실천사항이 제대로 실현될 수 있도록 필자가 직접 지도한다. 강의는 필자의 경험을 토대로 효과가 입증된 실제적인 방안들이 제시된다. 가장 핵심적 요소는 학습의 노하우이다. 강의는 누구나 이해할 수 있게 쉽게 하므로 모든 임직원이 수강 대상이다.

SR경쟁력프로그램을 수료하면 다음의 결과를 기대할 수 있다.

- 월 2권 내지 4권의 학습능력구비. 스스로 학습하는 능력.
- 정신 활력, 정신 긴장감, 자신감을 가진 임직원이 됨.
- 스스로 동기유발하는 임직원, 자율 규제하는 임직원이 됨.
- 철저히 봉사하는 정신자세, 융화하는 능력이 형성됨.

• 뛰어난 업무능력과 외국어능력이 배양됨.

교육 내용 (회사에 따라 융통성 있게 변경될 수 있음)

1. 잠재력과 가능성/잠재능력/파레토 법칙/핵심능력 높이기
2. 정신력, 자신감/적극적 정신 만들기/자세조정 방법
3. 경쟁력지원 환경 만들기/성공기회 높이기/후나이 성공조건
4. 습관과 경쟁력/좋은 습관 형성하기/관성과 변화비결
5. 업무능력 혁신 노하우/즉시접근법/우선순위/파킨슨 법칙/현장위주관리/효과적 커뮤니케이션/SR마케팅 심리학
6. 두뇌 능력/SR시스템학습법 주요 기법, 보조 기법
7. 시스템학습법의 실천/잠재력 활용하기/정신집중방법
8. 학습조직과 기업발전/학습조직/기업경쟁력과 학습
9. 지식경영/강점 활용하기/시간관리/조직내 커뮤니케이션
10. 아이디어 창조하기/브레인스토밍/학습과 아이디어
11. 직장내 융화비결/상사와 융화하기/유능한 상사되기
12. 우수회사 사례/다수 기업체 성공사례, 실패사례

SR경쟁력프로그램의 실행 프로세스

SR경쟁력프로그램은 4가지 실행 프로세스로 이루어져 있다.

1) 12차에 걸친 교육실시

2) 9가지의 실천사항 점검

3) 실천사항을 이행하도록 돕는 상담

4) SR학습모임 실시

SR경쟁력프로그램의 우수성

SR교육은 실천력이 탁월하다. 9가지의 실천사항은 필자가 실천해온 것이므로 설득력이 있으며 어떤 교육보다 실천을 추구한다. 학습 능력을 향상시키므로 자발적 학습으로 정신 활력, 정신 긴장감, 자신감을 준다. SR경쟁력프로그램은 정신력과 실력의 변화가 이루어지는 것이다.

제휴 제안

SR경쟁력프로그램은 우리가 세계최고의 경쟁력을 갖도록 하는 매우 소중한 프로그램임을 필자는 확신하고 있다. 또한, SR외국어학습법과 SR시스템학습법은 이를 달성하는 핵심적 노하우이다. 직장인뿐만 아니라 수많은 학생들과 젊은이들이 인재로 탈바꿈할 수 있는 소중한 노하우인 것이다. 장학재단을 비롯하여 사회사업에 기여하는 재단들, 교육 연수원 등이 필자의 SR경쟁력프로그램, SR외국어학습법, SR시스템학습법을 보급하는 데에 제휴한다면 사회사업의 가치는 훨씬 더 높아질 것이다. 재단들과 연수원들이 기존의 사회사업에 부가하여, SR경쟁력프로그램, SR외국어학습법과 SR시스템학습법을 보급할 것을 제안하는 바이다.

제휴 제안의 가치

재단들이 수여하는 장학금 등 금전적인 기여는 비유로 말하면, '물고기를 기부하는 것'이며 SR경쟁력프로그램, SR외국어학습법과 SR시스템학습법을 보급하는 것은 '물고기를 잡는 노하우를 기부하는 것'으로서 항구적인 가치를 기부하는 것이다. 이는 재단들의 고귀한 목적을 더욱 고양시키는 가치 있는 활동이 될 것이다. 연수원들은 더 뛰어난 교육프로그램을 보급하게 되는 것이다.

학습은 경쟁력의 원천이며 자기 가치에 필수적

1974년 하버드에서 MBA과정을 마친 졸업생 115명중, 자기 직업에서 성공한 사람들의 원인을 하버드 대학의 존 코터 교수는 분석해 보았다. 그들의 성공원인은 높은 기준과 이상, 야망이 매우 중요한 요인이었다고 한다. 보다 큰 목표와 그것을 이루려는 강한 욕구를 갖고 있는 사람들은 졸업 후에도 계속 학습하였다. 그러한 학습은 그들에게 정신 활력을 주고 정신 긴장감을 주며 자신감을 유지시켜 주었다고 한다. 평생 학습은 성공에 매우 중요한 요소이다. 대부분의 기업들은 직원의 학습이 저하하면 생산성에서 비용이 발생된다는 것을 깨닫지 못한다. 효과적인 교육은 생산성 향상에 필수적인 요소이다.

평생학습은 지식과 리더십의 기술 수준을 계속 증가시키는 힘을 갖고 있다. 학습 차이에서 오는 효과를 많은 사람들은 과소평가해왔다. 21세기에 경쟁력이 있는 존재가 되려면 각 개인들은 학습해야 하고 변해야 하고 계속 자기계발을 해야 한다. 평생 학습자들은 인간의 타성을 극복해 나가는 사람들이다. 성장하려고 노력하는 사람들, 변화를 편하게 받아들이는 사람들은 학습에 의해 동기가 유발된 사람들이다. 학습자들은 학습을 통하여 열망과 겸손함, 열린 마음, 모험 의지, 남의 말을 경청하는 포용력을 길러낼 수 있다.

코터 교수의 연구에 의하면, 25살의 학습에 덜 적극적인 사람이 1년에 4%식 성장한다면 50살이 되면 능력은 100에서 256이 될 것이다. 학습에 적극적인 사람이 1년에 9%식 성장한다면 50살이 되면 100에서 862로 되며 전자보다 3배 이상의 능력을 갖게 되는 것이다. 이제 평생 학습이야말로 성공의 주요 조건이 되고 있다. 비즈니스의 전문가는 달인으로서 전문적인 지식을 가지고 있어야 한다. 스스로 배워야만 한다는 점을 명심해야 한다. 학습에는 독서가 가장 효과적이며 가장 경제적이라는 점이다. 꾸준하고 지속적인 전문지식의 섭취를 통해 스스로를 끊임없이 업그레이드해야 한다.

모든 가치의 바탕

비즈니스맨의 모든 가치의 바탕에는 정직성과 진실성이 있어야 한다. 사업가가 해야 하는 매우 중요한 것의 하나는 '생각하기'이다. 시장에서 많은 활동을 되돌아보고 생각하는 기회를 가질 때 비즈니스맨은 새로운 통찰을 얻게 된다. 오래 전에, 소크라테스는 "반성하지 않는 삶은 살 가치가 없다"고 했다. 비즈니스에서의 목표는 단순히 돈을 벌기 위한 것이 아니라 가치 있는 진실을 찾아서 그것을 고객에게 전달하는 것이다. 돈은 단순히 그 결과물인 것이다.

비즈니스맨의 모든 가치에서 진실이 빠진다면 단순히 능력있는 사기꾼으로 전락하게 되며 이는 결국 실패의 지름길이다. 비즈니스맨은 진실에 기초하여 자신의 인격과 모든 것을 걸고 가치를 전달해야 한다. 그리고, 고객의 모든 요청과 항의에 몸을 숨겨서는 안 된다. 사기꾼은 자기의 주소와 연락 전화번호를 수시로 바꾸면서 피해자로부터 자신을 숨긴다. 진실한 비즈니스맨은 모든 책임을 지겠다는 각오가 없으면 비즈니스에 종사해서는 안 되는 것이다.

가치 있는 임직원, 경쟁력 있는 회사

필자는 저서에서 개인 전화번호를 한결같이 공개하고 있으며 변경하지 않는다. 내가 그 소유권을 가지고 있는 'SR경쟁력프로그램'은 우리의 경쟁력을 구체적이고 실질적으로 향상시키는 매우 소중한 교육프로그램이다. 나는 기업 임직원들에게 'SR경쟁력프로그램'의 실시하면서 프로그램의 실천사항 9가지를 실천하면 능력이 향상되는 보장근거를 제시한다. 'SR경쟁력프로그램'은 필자의 체험에 근거한 것이고 그 프로그램에서 제시하는 9가지 실천사항도 내가 그동안 실천해 오면서 그 효과를 체득했던 것들이다. 이를 실천하면 임직원들의 능력은 확연히 달라지며 기업 경쟁력도 향상의 길로 나아가게 된다. 'SR경쟁력프로그램'에는 그 중에 'SR시스템학습법' 과정이 있으며 임직원들이 터득하여 평생 순조로운 학습을 하게 만드는 프로그램이다.

지속하는 학습이 이루어지면 그 기업은 정신 활력, 정신 긴장감, 자신감이 넘치는 임직원들로 이루어진 회사가 된다. 또한 지식과 노하우와 아이디어가 솟아나는 회사로 변신하게 된다는 놀라운 사실이다. 필자의 바쁜 스케줄 때문에 매월 1-2개회사만을 'SR경쟁력 프로그램'의 수혜 회사로 선정하여 보급하고 있는데 무료로 보급하고 있다. 무료로 보급하니까 무슨 큰 함정이 있을까 걱정하는 경영자들이 있다면 그런 걱정은 필요가 없음을 알게 될 것이다. 진정으로 가치 있는 임직원, 경쟁력 있는 회사로 변화시키고자 하는 경영자는 필자에게 전화하시기 바란다.

휴렛패커드사의 창업자 패커드가 자기 사업에서 번 56억 달러를 사회에 기증한 것처럼 필자는 그만큼 가치 있는 것을 사회에 보급하고 있다는 자부심을 갖고 있다. 패커드는 물고기를 주었지만 필자는 물고기를 잡는 노하우를 주고 있으며, 이는 평생 활용할 수 있는 가치 있는 재산을 주는 것이기 때문이다. www.SRstudy.co.kr의 SR컬럼 참조.